Sara Braña González

Dos historias de amor y una poesía sentida

Sara Braña González

Dos historias de amor y una poesía sentida

Naturaleza y soledad

JustFiction Edition

Imprint
Any brand names and product names mentioned in this book are subject to trademark, brand or patent protection and are trademarks or registered trademarks of their respective holders. The use of brand names, product names, common names, trade names, product descriptions etc. even without a particular marking in this work is in no way to be construed to mean that such names may be regarded as unrestricted in respect of trademark and brand protection legislation and could thus be used by anyone.

Cover image: www.ingimage.com

Publisher:
JustFiction! Edition
is a trademark of
Dodo Books Indian Ocean Ltd. and OmniScriptum S.R.L publishing group

120 High Road, East Finchley, London, N2 9ED, United Kingdom
Str. Armeneasca 28/1, office 1, Chisinau MD-2012, Republic of Moldova, Europe
Printed at: see last page
ISBN: 978-620-0-11072-5

DOS HISTORIAS DE AMOR Y UNA POESÍA SENTIDA

en homenaje a Pablo Neruda

El arte, también se puede fusionar y la fusión, le otorga mayor belleza y encanto.

CONTENIDO

EL DESEO FRAGMENTADO

-Entonces, bonita, te parece bien el plan para esta noche? Nos iremos a cenar, para celebrar nuestro tercer aniversario! 3 años ya, preciosa! Los mejores años de mi vida a tu lado!

Miguel, salía aquella tarde de una de sus guardias más duras. Y no solo por lo inexorablemente difícil de la profesión médica, que parece ser inherente a ella, sino porque había tenido una complicación con un paciente, al que todo su organismo al completo, parecía querérsele poner de huelga, a causa de una septicemia.

Y a él, que con su porte alto y esbelto y sus manos que se asemejaban a las de un pianista, nada se le resistía, allí en la planta del hospital en el que era doctor adjunto del servicio de medicina interna. Siempre lo hubo dado todo por su trabajo, y ya desde bien niño, jugaba a ponerles inyecciones de mentira a sus primos, usando palillos para escarbar los dientes, empapados con agua, que hacía de improvisado antiséptico.

Pero eso, que como ya decía él de adolescente era más propio de enfermeras, no le terminaba de llenar, más allá de los juegos infantiles. Y llegado el día, dio el salto al club de la bata blanca, y se convirtió, ya entrado en la década de los felices 20, en todo un médico respetado y con honores.

En su familia hubieran preferido que fuera abogado, por aquello de que la ley parece ser más seria y reputada. Pero Miguel, nunca se dejó llevar por opiniones ajenas, y siempre hizo caso a su corazón, ese mismo que le proponía aquella noche, invitar a su novia Olga, a cenar para celebrar su tercer año de novios.

La chica, algunos años más joven que él pero no por ello menos madura ni útil, era economista. Siempre le gustaron las matemáticas o "matracas", como le decía su hermano mayor. Pero ella, que adoraba perderse entre las áridas ecuaciones integrales y las raíces cuadradas, siempre soñó con desenmarañar los entresijos de las grandes crisis económicas mundiales, y ya de paso, el eterno dilema del porqué el dinero, hace tan codiciosos a algunos.

Y estudió economía en la universidad, ya cuando su cuerpo era el de una mujer, a la vez que con gran pena, abandonó su pueblo de la provincia de Zaragoza, para irse a la gran urbe, a "la capi", como apostillaba, con una mezcla de entre orgullo por lo logrado, y nostalgia por lo perdido.

Era ella chica despierta y muy magnética. De cuerpo espigoso y rasgos muy españoles, peinaba su larga melena lacia, con toda clase de productos para que no se le estropease tan amado tesoro para ella.

Y vestía muy básica, porque "los vaqueros y las faldas, yo creo que gustan a todas", pensaba, mientras se daba su labial preferido, antes de irse ya a la universidad a meterse otro atracón de contabilidad.

Y ahora era, tras haber estado unos años en la docencia, banquera. Eso sí, jamás abandonó las clases particulares, entre otras cosas, porque la enseñanza, era su pasión.

Pero David, lo había cambiado todo en su vida por sorpresa, hacía tan solo, poco más de un año.

-Claro que sí, cariño. No tendría mejor plan para esta noche, que irme de cena con mi galán favorito!, respondió ella sonriendo, y mirando con adoración a Miguel, que se fundió en un tierno abrazo con su cuerpo, e inhaló con lentitud, su cítrico perfume.

-Que guapa te has puesto, bonita! Esa falda te sienta de maravilla, con la blusa de flores. Tienes un gusto exquisito, mi Olguita!

Miguel, estaba locamente enamorado de esa chica morena, de ojos marrones y grandes, y de cara redonda con delicada sonrisa y fina voz.

Él, que siempre había sido un poco solitario a causa de su carácter introvertido y estudioso, poco había conocido del amor, más allá de alguna breve relación con compañeras de la carrera, que no llegó del todo a fraguar.

Y aquella noche en que un amigo en común, su casi hermano Alfonso le presentó a Olga, le tembló más su anatomía, que el día en que tuvo que hacer su primera práctica quirúrgica. Todo de ella lo embobó, y parece ser que el sentimiento, fue casi recíproco, como si de un flechazo se tratase.

Olga también era amiga de Alfonso, porque ambos, habían coincidido en la carrera, y siempre se entendieron de perlas. Eran de la misma promoción, y en esa ocasión, él, había hecho de celestino.

Ella, que por esa época en que Miguel apareció por sorpresa en su vida, llevaba un tiempo alejada del mercado amoroso como repetía con sorna. Había salido de un romance con un chico llamado Pierre, de origen francés, y con el que tonteaba ya desde que ambos eran adolescentes y él, veraneaba en su pueblo de Zaragoza, pues de allí, eran sus abuelos maternos.

Y cuando esa historia terminó y ambos quedaron como buenos amigos de por vida, Olga, decidió darse un tiempo para concentrarse en las oposiciones de docente, y así, disfrutar un poco de su soltería.

Pero eso duró tan solo unos años, hasta que por azar, la vida le puso a Miguel en el camino, de la mano de su íntimo amigo Alfonso, que curiosamente, también lo era de él, pues se habían conocido ya en el instituto.

Y ambos, tras varias charlas formales e informales sobre lo humano y lo divino, algunas confidencias y muchos paseos y cafés, comenzaron a salir juntos, hacía ya justo dos años.

-Anda, pelotero! Mira que eres cursi, cariño, le dijo ella, mirándolo con gran dulzura, ya casi preparada, para salir con él de cena.

"Espero que no haya imprevistos.... Espero no encontrármelo! Después de cenar en el restaurante "Sabor de Verdad", nos iremos un rato de marcha a bailar, que a mí, me apetece! Espero que no ande él por ahí! Me muero, me muero!", pensaba la chica en silencio, mientras se ponía sus tacones negros de aguja, completando a la perfección, su look de joven urbana y elegante a la vez.

-Estás preciosa. Estos zapatos te sientan genial! Espero que no te molesten mucho luego cuando vayamos a bailar! A mí fíjate, que hoy, hasta me apetece y todo!

Miguel suspiraba de puro feliz. Se sentía el ser más afortunado de la tierra, al tener a su lado a la mujer de sus sueños, una chica tan cabal y noble, y también por trabajar de lo que siempre había adorado, su querida medicina.

Y ya cuando ambos estuvieron listos, él de traje pero informal y ella con su abrigo, se metieron en el coche de Miguel, previo beso, y se fueron a cenar ya.

"Dios, un mensaje de whatsapp! Quien será? Ahora, no lo miraré, porque...... quizá.....", pensó Olga un tanto sobresaltada, cuando en el interior de su bolso de mano, notó que su móvil emitía una pequeña vibración a la vez que un sonido de campanilla.

E hizo como que no le importaba, aunque su corazón, se aceleró bastante.

Miguel iba conduciendo, y de cuando en cuando, la observaba con ternura, bajo la noche de diciembre.

En aquel restaurante, con mezcla de entre tradición y vanguardia, era común que muchas parejas como ellos, fueran a sellar allí su amor, o a celebrar algo importante, como era el caso.

Esa ciudad era intermedia de tamaño, y se podía uno mover bien, a pesar de que no tenía los grandes centros comerciales de Madrid, que tanto le gustaban a Olga. Pero al fin, ella y su chico, estaban asentados allí desde hacía unos años, pues ambos, eran de zonas cercanas y eso, les hacía sentirse estables y felices.

Y ese restaurante, era como mítico para muchas parejas de la zona y también para ellos, pues en él, se habían prometido hacía tres años ya, y allí volvían esa noche, a celebrar todo ese tiempo juntos.

El lugar era acogedor, y la decoración, invitaba a la tranquilidad y al disfrute.

-Ostras, pides pescadito, e? Con lo que te gusta a ti la carne, bonita! Hoy me sorprendes!

Miguel, estaba exultante. Y Olga, que quería deleitarlo al máximo esa noche, sabía que aquello, funcionaría.

No era ella muy dada a comer pescado. Pero el lenguado relleno, era algo, que veía bajar por las paredes. Y pese a que la carta contaba con carne bien preparada, sabía que a su chico, le haría gran ilusión que pidiese pescado, pues siempre Miguel le insistía en que debía consumirlo mucho más, dadas sus excelentes propiedades nutricionales.

-ya ves, cari! Hoy, soy una caja de sorpresas! El lenguado relleno me encanta, ya lo sabes!, exclamó Olga, acariciando con pasión la espalda de Miguel y haciendo ya de paso que él, la abrazase con fuerza, antes de que el camarero, les trajese los primeros platos.

Y la cena, ella con pescado y él con cordero guisado al horno, y salteado de setas con arroz para ambos, transcurrió armoniosamente, propiciado esto, por la suave música de violín que se oía de fondo.

Y cuando ambos enamorados se dieron su ni se sabe que beso, y tomaron los postres a base de ricas copas de helado, se dispusieron ya, a romper un poco la noche, y a mover el esqueleto para quitar tensiones del día a día.

-madre mía! Cuanto chiquillo! Como disfruta la juventud!, dijo Miguel lanzando una mirada de pájaro, al entrar a un pub en el que ponían música electrónica, y estaba abarrotado de jóvenes dándolo todo.

Olga, que adoraba bailar, se olvidó de sus algo molestos tacones de aguja, e instando a su chico a hacerlo, se adentró en la pista, movida por su deseo de disfrutar.

Y tan apasionada estaba, moviendo su suave melena y dejándose llevar por el momento junto a Miguel, que en una de estas en que volvió la cabeza para mirar a otro lado, vió a David, que con sus amigos, allí mismo estaba, a pocos metros de ella.

"Ai, no, no! Que está aquí, está aquí David! Trágame tierra!", se dijo la chica nerviosa, tratando de disimular su rubor.

Y Miguel, que no hacía más que mirarla y bailar, ni se percató por un instante de lo que sucedía.

Pero Olga, no pudo evitar dirigir de nuevo su mirada hacia David, haciendo que él, se sintiese como un pavo real cuando despliega su colorida y esbelta cola.

-Ya te vió, tío! Te está mirando!, le dijo su amigo Johny al chico, advirtiendo lo que pasaba.

-Ya veo, ya! Está como un flan! Mira que está buena la tía! Pero….. ese es su novio, el aspirino? Menuda pinta tiene de tostón, y de parao!, dijo David, con semblante frívolo y sin darle tregua a Olga que en efecto, no sabía donde meterse, ya a esas alturas.

Ella intentaba por todos los medios disimular, y concentrarse en la música y en el ritmo, que le encantaba. Bailaba entre todo el tumulto bien agarrada de su chico, ese que en absoluto estaba advirtiendo, lo que allí pasaba en ese momento.

David, era un joven de casi 20 años, que tenía la cabeza algo descentrada, como casi todos los de su edad.

Era él de esos chicos, que llamaban la atención de cualquier mirada femenina. Con cuerpo atlético y rasgos nórdicos, alto y bien curtido a base de ejercicio, levantaba pasiones, allá a donde fuera. Y bien lo sabía él.

No era demasiado buen estudiante, aunque logró terminar bien el bachillerato de la rama de economía. No sabía que quería hacer para ganarse la vida, pero le gustaba mucho la cocina y el diseño gráfico. Y entre este dilema estaba, cuando conoció en el instituto, a su profesora preferida, la inteligente y misteriosa Olga.

Ella, ya ennoviada con Miguel, su médico favorito como decía con cariño, fue como un reto desde el primer momento para David, que ya la observó en el comienzo del curso, con ojos golosos.

"Cuanto me gustaría darme un buen revolcón con esta tía, echarle unos buenos polvos! Es mayor que yo unos años, pero al gran David, nunca se le resiste nada!", se decía el zagal insistentemente, mientras intensificaba su cercanía a la docente, quien también, en secreto claro estaba, parecía derretirse por él.

-Si tienes cualquier duda, vuelve cuando quieras a la tutoría! Será un placer para mí….. porque….., soltó cierta mañana Olga, cuando ya concluía una tutoría con su alumno, que parecía no entender muy bien un tema de microeconomía.

Y sin quererlo, se había descubierto ante él, pues las palabras, rara vez callan lo que el corazón siente.

-Y eso? Eso que acabas de decir suena como un poco……, le dijo David, en tono insinuante, y mirándola con deseo, casi el mismo que ella sentía hacia él.

-Eso, es lo que es, nada más que decir…., sentenció Olga con un arrojo, más aparente que real.

Y así fue como comenzaron sin apenas darse cuenta, un romance clandestino, a espaldas de Miguel, novio de Olga, quien estaba totalmente ennubilado por ella, y con quien llevaba casi dos años saliendo.

Esa misma tarde, en que Olga invitó a David a continuar la tutoría en su casa, pues ella creía que afuera del trabajo no debía rendir cuentas a nadie, y máxime cuando ambos eran ya mayores de edad, se entregaron el uno al otro cuerpo a cuerpo, sin barreras ni censuras.

-Esto no está bien, David….. Ha sido genial, pero….. yo….. yo tengo….., titubeaba Olga, sintiendo aún las manos del joven y guapo David sobre sus pechos.

Él, que se creía casi un héroe por haberse acostado ya con esa mujer mayor que él, profesora y tan atractiva, se rió a carcajadas.

-Me vas a decir que no te ha gustado, e, preciosa? Esto, se tiene que repetir! Y… que es eso que te pasa? Acaso tienes novio?, le preguntó el chico con decisión.

Y a Olga, de pronto, se le vino a la cabeza la imagen de su chico Miguel, allí en el hospital trabajando aquella tarde, y al que suponía ya a esas horas, un poco cansado.

Miró a David en silencio, y tras vacilar unos instantes, le dijo:

-Pues sí, David! Tú me gustas muchísimo, y…… esto jamás lo olvidaré. Pero…. le acabo de ser infiel a mi chico! Es lo único que te puedo decir!

-Anda, no me seas durita, profe! Esto se tiene que repetir, cuando a los dos nos plazca, que la vida, es corta!

David, no iba a darse por vencido fácilmente. No pretendía tampoco nada serio con ella, pues aún era algo cabeza loca para aquello de tener una pareja formal. Él, era más de ligues esporádicos, o como decía entre risas y pavoneos, "yo soy de follamigas".

Pero desde luego, no iba a dejar pasar esa oportunidad de tener a una mujer como aquella, cada vez que le viniera en gana. Y a juzgar por los gritos de placer que emitía Olga durante el sexo que habían tenido allí mismo en su cómoda cama, de seguro, no sería la última vez que intimasen.

Así que ese guapo y pretencioso joven, ignoró las palabras que Olga acababa de insinuar acerca de su inmoral conducta de esa tarde, y ni se preocupó por el supuesto chico de ella, que de seguro, y como él pensó luego, "será un bobalicón, feo y aburrido". Y se volvió para su casa tras besarla con pasión, más feliz que otro poco.

La fiesta, era alocada esa noche de invierno. Aquel sábado, en que Olga y su novio Miguel habían salido juntos a cenar para celebrar su tercer aniversario como novios, la gente colmaba los pubs de la zona de marcha de esa ciudad.

Y entre todos aquellos vitales y enérgicos jóvenes estaba el guapo David, que con su grupo de amigos, no quitaba la vista de Olga ni de Miguel, a quien había visto la cara esa noche por primera vez.

Mucho había pasado ya entre ellos, a más de un año vista. Incluso olga, había renunciado a su trabajo de docente, por no poderse resistir a él en el instituto, meses después de haber comenzado su secreta y alocada historia de pasión, y tórridos encuentros.

Y tras abroncarla un poco la jefa de estudios casi ya al final de aquel curso, la chica, que anhelaba trabajar en un banco, renunció a la docencia pero no a David, por quien parecía tener una adicción.

Y discutió con él por esa razón. Y sí, también se juró miles de veces dejarlo, sin por supuesto, poder lograrlo. Su batalla interior era como un tormento para ella, pues ciertamente amaba mucho a su novio Miguel, por quien igualmente se sentía correspondida. Pero David le aportaba esa parte vital y fogosa, que tal vez con Miguel, no poseía.

-aquí, a este descampado, alejado de todos, no hemos venido a nada más que a hablar, David. Esto, es intolerable. Por tu culpa, ya me han llamado la atención en el trabajo, porque nos vió Sonia, la jefa de estudios, besarnos, y hacer el bobo! Y… eso, no lo voy a permitir!

Y no te olvides de que yo….. yo….., decía ella con enfado, allí junto a él, en un lugar apartado de la ciudad, donde habían quedado para verse y aclarar las cosas, una tarde posterior al desagradable suceso.

Pero David, sabía que ella, perdía la cabeza por él, y eso lo excitaba profundamente.

-No vayas de dura, Olga, que sé que lo estás deseando. Aquí solos, sin nadie, tenemos tiempo ahora! Y lo del otro día….. pues chica, somos ambos mayores de edad! No se te olvide que yo tengo ya casi 19 años! Y….. que me vas a decir otra vez? Me vas a volver con lo de tu novio? Venga, Olga, venga!, le dijo él a modo de ametralladora, ignorando el problema real de la chica.

Y se le aproximó, a una distancia mínima, allí, al lado de su coche.

-David, David! Ya vasta, vale? No quiero verte más, y por tu culpa, voy a perder el trabajo de profesora, y no quiero perder también a mi novio! A mi novio, por mucho que te moleste!, le dijo ella desesperada y frustrada, por no poder luchar contra su feroz deseo hacia él.

David olía a perfume. Acababa de salir del gimnasio en el que varias tardes a la semana, se marcaba su tableta de abdominales y de ejercicios varios, para mantener ese cuerpo envidiable, tan próximo a los cánones de escultura griega.

Y Olga enloquecía, al sentirse mirada por esos ojos azules que le encantaban.

-Que sexi te pones, cada vez que te cabreas. Anda, una última vez, que si te vas del insti, te voy a extrañar mucho!, le susurró David, ya casi abrazándola, mientras apoyaba su carnosa mano sobre el hombro de ella, que ya empezaba a derretirse.

-Pero David, por que me haces esto? Es que….. hoy, estás más irresistible que nunca. Sí, dejaré el instituto, porque le dije a mi novio Miguel, que no me acababa de encontrar en él, y que prefiero trabajar en un banco. Y él, ya me ha conseguido algo, por mediación de nuestro amigo Alfonso. David, por que me haces esto?

Olga, susurraba estas palabras, en un tono quejumbroso, pero enamorado. Ella no podía librarse de ese chico, que se había convertido en su secreta pasión.

Y también aquella tarde al igual que tantas y tantas, acabaron acostándose, pero esa vez, en el asiento trasero de su Seat Ibiza, allí, solos en aquel descampado de árboles, y tras varias deliberaciones.

Eso supuso desde luego un punto de inflexión en la vida laboral de esta joven, que tras no poder vencer su deseo hacia David, quien cursaba bachillerato, tuvo que renunciar a la docencia, y comenzar a trabajar en un banco.

Allí se encontraba cómoda, lejos de ojos indiscretos. Y agradecía a su novio Miguel, aquel apasionado y enamorado doctor, el haberla salvado de tener un problema aún mayor, aún sin él saberlo para nada.

"Es increíble! Miguel, no se entera de nada el pobre, con lo enamorado que está de mí! Y yo, le estoy haciendo esto, de estar con David a sus espaldas. Pero no puedo dejarlo, aunque quiera. David me vuelve loca solo con mirarme, y eso, ahora ya no será un problema en mi nuevo trabajo que también me encanta, al igual que el anterior", pensaba Olga, en sus ratos de asueto, con cierta pena por su chico, quien en efecto, parecía ignorar que estaba siendo víctima de un gran engaño por parte de ella.

Y así, con encuentros clandestinos con David y aunque pareciera increíble enamorada también de Miguel, puesto que el corazón no tiene límite de espacio, habían cumplido los tres años desde su compromiso.

Y ahora sí, en aquel pub con la música a todo volumen y observada con deseo por David, Olga, no sabía si desaparecer corriendo, o convertirse en invisible.

Y desde el otro ángulo, David, se pavoneaba, al percibirla tan tremendamente nerviosa.

-El tipo ese, no para de mirarla como queriendo comerla!, le dijo Sergio, otro amigo del grupo.

Ellos, los amigos más allegados de David, ya conocían su historia con Olga. Y entre bromas y algún que otro vacile, intentaban no meterse demasiado en el asunto, porque bien sabían que David, era perseverante a más no poder.

-A que voy al baño y le paso rozando? A ver que hace!, exclamó David con una mezcla de entre celos y orgullo, quitándose su chupa vaquera, y siendo visto por Olga, justo en ese instante.

"Me va a dar algo, de verdad! Que cuerpazo tiene, y como lo luce! Ai, que viene, que viene para aquí!", se dijo Olga ya al límite, viendo con desesperación, como el chico se acercaba a ella, a un paso rápido y como en dirección a los aseos del local.

Y David le rozó el cuerpo entre toda la masa de gente, y ante la distracción de Miguel, que estaba en las antípodas, de darse cuenta de todo aquello.

Él hablaba y hablaba con Olga, a quien pareció partir un rayo, cuando sintió a David tan cerca de ella.

Y respiraba entrecortadamente la chica, agradeciendo a la música y al tumulto pero sobre todo a la escasa luz del local, el que Miguel no lo advirtiese.

Y de pronto, cuando se percató de que David le había hecho eso para ponerla nerviosa, y que su intención era ir al baño, decidió irse de allí ya mismo.

-Nos vamos a otro sitio, cariño? Esto, está lleno de niños! Vamos, que si voy a por chupetes, se queda la farmacia vacía!, dijo ella con sorna y aún nerviosa, provocando una risa de felicidad de Miguel.

Él, que era un hombre bastante tranquilo y sosegado, estuvo de acuerdo con la proposición. Ese pub, estaba abarrotado, y cada vez, parecía entrar en él más y más gente.

-Sí, vamos a otro sitio si quieres, bonita! Esto es una guardería!, aprobó él, saliendo ya con ella a la calle, llevándola de la cintura.

Y David, cuando volvía del baño y se disponía a terminar su consumición con sus amigos, se percató de que los novios, iban en dirección a la salida, para irse de allí.

-Pero tío, que la has puesto más nerviosa que una hoja al viento! Ya se va, mira!, le dijo Johny, con una risa pícara tras su perilla.

-Hoy, la empotraría mil veces! Que guapa está, con esa blusa de flores, y el escote! A ver para donde van?

David, no iba a darse por vencido aquella noche. Ya sus dos amigos más cercanos que eran Johny y Sergio, conocían de pleno y ya a esas alturas, su curiosa historia con Olga, y les provocaba risas y admiración, a partes iguales. David siempre les hablaba de ella como un ligue más de los suyos, y de lo enamorada que Olga, estaba de él.

-La tengo cuando quiero!, solía decirles, creciéndose, casi como un gigante.

pero a pesar del tono algo frívolo con que él trataba el asunto, esos dos jóvenes, que eran casi como hermanos para David, sabían que él, también en cierto modo, era algo adicto a ella, aunque solo fuera un medio de placer.

-Te estás pillando de ella en serio, no David? Se te ve venir!, le soltó Sergio, dando el último sorbo a su cubata de JB con Coca-Cola.

-Que dices, tío? Olga está buena y en la cama mucho más! Pero yo, no me pillo de nadie! Le había mandado un whats para haber si podíamos quedar esta noche en su casa. Pero no me contestó, porque debió quedar con ese mogodo del aspirino! Ya le vale, salir con un médico! Y encima ese, que por lo que ví, debe de ser más flojeras que mi abuelo!, dijo él, en su característico tono frívolo, pero con cierta rabia.

En verdad, sí que estaba algo enamorado de Olga. Pero se dejaría despellejar, antes de reconocerlo, pues su papel de Don Juan, no quería que nada ni nadie lo empañase.

-Estás celosillo, David! La Olga te está empezando a molar de veras!, añadió Johny, haciéndole guiños y moviendo su cabeza con esos bucles de pelo alborotado.

David se ruborizó, y notó que sus manos se humedecían. Pero trató de seguir disimulando ante sus amigos de siempre.

-Hoy necesito sexo, tíos, porque acabé estresado con los deberes de mi hermana Julieta! Porque la quiero lo que la quiero, que si no, le pagaba una nani para que le ayudase!, dijo él, tratando de desviar la atención, y sonriendo de oreja a oreja, con un gran amor hacia su hermana de 8 años a la que adoraba.

Ella, la pequeña Julieta, era una niña muy estudiosa y charlatana, de penetrantes ojos azules y ondulada melena rubia, grandemente aficionada al dibujo, y con dotes para la música.

Ella también lo adoraba a él, a quien consideraba casi, un héroe de sus series favoritas de la televisión.

-Creo que van para allí, para el Ginger!, dijo Johny, que no perdía de vista los movimientos de Olga y Miguel, una vez ya todo el grupo estuvo en la calle.

El frío arreciaba aquella noche. Pero tanto David como Olga, ardían de calor, aún sin estar juntos por el momento.

Ella, creyéndose a salvo, pues ya pareció perder de vista a David y a sus dos amigos, se fue con Miguel para otro lugar, que en efecto, y tal y como sospechaban los amigos de David, era el Ginger, un pub algo más exclusivo, frecuentado sobre todo por parejas, y con ambiente más tranquilo.

-Pues sí. Pa allá que voy, tíos! Esto es un reto para mí! Que hará con ese tipo hoy? Fijo que se fueron de cena los dos en plan ortera, y ahora, vinieron de fiesta!, dijo David, yendo ya calle abajo en dirección a ese pub, que quedaba dos manzanas más adelante.

No se sabía si pretendía desafiar a alguien, o poner a prueba sus sentimientos. Pero de seguro esa noche, David estaba empeñado en salirse con la suya, y hacer que esa chica a la que tenía loca, cayese una vez más, en sus redes.

"Casi me da algo! Pasó rozándome, y encima ni se inmutó! Menos mal que ya me libré de él! Dios, si Miguel hubiera notado algo, habría sido fatal!", pensaba Olga, aún con cierta tensión en su cuerpo.

Ya ella y su novio Miguel, estaban en el mencionado pub Ginger, en donde la música era de género pop, y el ambiente, algo más despejado.

-Aquí, se está mejor! Que tal lo estás pasando, bonita?, le preguntó el hombre con adoración, dándole un tierno pellizco en la cintura.

Olga, se sintió aliviada, y le sonrió, al tiempo que le manifestó que allí, se estaba mejor.

Pero David, que junto a sus amigos se había propuesto seguirle los pasos y mantener la tensión al máximo esa noche, entró en ese preciso instante al pub, sin ser por el momento, visto por Olga, que bailaba muy apasionada, un tema de Bellonce.

La música sonaba, y la chica, observada al mismo tiempo aunque desde ángulos diferentes por su novio y por su amante, parecía liberarse, de toda la tensión sufrida hacía unos momentos.

Pero poco le duró el sosiego, pues justo cuando terminó la canción y se acercó a Miguel para tomar su bolso, vió sin querer a David, que allí estaba con sus dos amigos, a escasos metros de ella.

"No me lo puedo creer! Otra vez está ahí! Pero este, que pretende?", se dijo apuradamente, y algo temblorosa.

-La tienes frita, tío! Casi se cae al suelo ahora al verte otra vez!, dijo Sergio con una sonora carcajada, al percatarse del gesto nervioso de Olga ante la vista de su amigo.

David, se sentía orgulloso de su particular azaña de aquella noche.

-Y él, el aspirino, no se cosca de nada! Me paso por la piedra a su novia cuando me apetece y él, haciendo guardias!, añadió David, que fijó su mirada en Olga, para hacerla perder los nervios.

Y vaya que si se los hizo perder! La chica, ya no sabía que hacer para distraer a Miguel, que con todas y con esas, no se daba cuenta aún de nada.

Y cuando el hombre cogió su cartera para pagar,, David, que parecía dirigir la escena como un cámara de televisión, aprovechando tal distracción de él, le lanzó un beso a Olga, haciéndola casi palidecer.

-Tío, tú, aún la lías! Pero que haces?, le dijo Johny, viendo lo que había hecho.

-Está irresistible, y muy sexi, con esa falda vaquera! Esta noche, que te apuestas a que acaba conmigo en la cama?

David, ya se había propuesto su meta. No se sabe si lo lograría o no. Pero tratándose de él, seguro que aunque fuera al límite, algo haría para cumplir con su objetivo. Y pese a estar rodeado de chicas esa noche y de lanzarle ellas miradas de deseo como a menudo sucedía, él, solo quería tener sexo con Olga, con quien había coincidido de marcha, sin haberlo planeado.

Pero ya de haber sucedido, no iba a dejar pasar la oportunidad.

-Dios, esta noche, está todo abarrotado de gente! Creo que será mejor, cariño, que nos vayamos a tomar algo al Polanka. Seguro que allí, estamos más tranquilos!, le dijo Olga a Miguel, no viendo mejor salida para quitarse de en medio a David.

Él, parecía estar jugando con ella al ratón y al gato esa noche, y ya de paso, crearle una tensión, que la chica, ni por asomo, imaginaba.

"Es que estoy al límite! Está guapísimo, con esa camiseta ajustada y esos vaqueros que le sientan fenomenal! Lo deseo tanto, que me hago de espuma! Pero….. es que estoy con Miguel, y….. es nuestro tercer aniversario! Pero…. ojalá pudiera estar con David, porque….. está irresistible hoy!".

Olga, muy contrariada, no paraba de decirse cosas a si misma, que le resultaban un tanto divergentes.

Por un lado estaba su amado novio allí junto a ella, caminando aquella noche, hacia el mencionado bar Polanka, para tratar de disfrutar de un ambiente más tranquilo y tomarse algo sentados.

Pero por otra parte, estaba su deseo más voraz hacia David, ese joven casi veinteañero con el que desde hacía tiempo, vivía un romance a espaldas de Miguel, y que por mala fortuna o buena, no se sabe, había coincidido con ella esa noche en que todo parecía en principio estar destinado en exclusiva a su novio.

Y una vez ya en el Polanka, que era un bar tipo cafetería, con ambiente sesentero y de pop art, abarrotado en sus paredes con fotografías de los Beatles o de Marilyn Monroe, la chica, se sintió algo más tranquila.

"No creo que venga para aquí! Ya sería el colmo, porque me resultaría mucho más difícil disimular en este lugar frente a Miguel! Ojalá que no venga, ojalá!", se decía insistentemente, para darse calma y centrarse en miguel, que ya había ido a pedir algo calentito para hacer frente al frío de esa gélida noche.

Y cuando él volvió ya para la mesa, el móvil de Olga, sonó inesperadamente, en el interior de su bolso de mano.

Desde luego, lejos de calmarse, la mujer, se volvió a sobresaltar, pues seguro que la llamada a esas horas de la noche, casi las dos de la madrugada, no podía ser de otro, que de su amante David.

"Es que seguro que es él! Dios, no me deja en paz este chico! Y ahora que hago? Es que me gustaría responder la llamada, pero.... está aquí Miguel!", se dijo aceleradamente, algo que su chico ahora sí, percibió al instante.

Y ese doctor, claro estaba, no pudo por menos, que preguntarle por tan nervioso comportamiento.

-Bonita, que te pasa? Te ha sonado el móvil! No lo coges?, le preguntó, mientras llegaba ya el camarero, con el té con leche para ella, y la infusión de menta poleo para él.

Olga, lo miró nerviosa, y no tuvo más remedio que inventar algún embuste, cuando en efecto, pudo comprobar en la pantalla de su Smarckphone, que quien había llamado, era ni más ni menos que David, que no parecía darle tregua aquella noche.

-Era mi hermana, Miguel! Seguro que se ha confundido, porque chico, a estas horas, no veo normal que me llame! Ya ves que el móvil, mucho no ha sonado! Es que..... no sé...., decía con prisa.

Y no había concluido su engaño, cuando el móvil, sonó de nuevo, haciéndola, casi palidecer.

"No puedo más! Iré al baño a contestar la llamada, porque no se va a dar por vencido! Y si no lo hago, igual lo mismo viene para aquí o yo que sé!", pensó, hecha un mar de nervios.

-Perdona, cariño, que voy al baño! Es ella otra vez, y aquí, hay ruido! Iré a contestar, porque es que..... igual mi madre necesita algo, yo que sé!, exclamó la chica levantándose de su silla, con el cuerpo tembloroso.

Miguel, aprobó su decisión.

-Pues sí, claro, contesta, contesta, que tal vez.... Suceda algo!

Y Olga, a toda prisa, se encaminó hacia el baño, cuando su móvil, paró de sonar ya.

"Lo llamaré yo aquí dentro, que estoy sola por fin! Pero que querrá Este chico? Dios, seguro que me quiere ver!", se dijo apurada, encerrándose a cal y canto, en el amplio y reluciente baño de aquel bar.

Por fortuna estaba ella sola allí en ese momento, y no había tanto ruido que pudiera interferir en la llamada.

Y con su mano temblorosa aún, lanzó un suspiro al cielo, y se dispuso ya, a resolver todo aquel enigma.

Su corazón, latía con fuerza al escuchar el primer tono. Y ya en el segundo, David, respondió:

-Hola preciosa! Mira que estás guapa hoy! Pero….., dijo el chico con una risa pícara, hablando desde la calle.

Olga, al oír esa masculina voz y ese tono tan característico de él, sintió en su estómago, el mayor de los cosquilleos. Pero al mismo tiempo, se notaba agobiada, pues todo parecía apuntar a que David era insistente.

-Pero que quieres tú? Que rayos te pasa hoy? Estás jugando al ratón y al gato conmigo, o que te pasa?, le dijo ella, con voz entrecortada y con los nervios a flor de piel, y fingiendo un cabreo que era más una coraza que una realidad.

David, se rió a carcajadas, al percibirla tan nerviosa. Y se dispuso ya, a proponerle:

-Anda que…. Menudo careto tiene el aspirino! Dile de mi parte, que los trajes, no es que le sienten demasiado bien! Que pasa, que el muy mogodo, no se cosca de nada, verdad Olguita? Preciosa, calma un poco, que se te va a salir el corazón por la boca!

La chica, lanzó un suspiro de nuevo. Realmente, se sentía atrapada, y su deseo de ver a David a solas esa noche, iba creciendo más y más por momentos.

-Deja de decir bobadas, anda, David! Que es lo que quieres? No me dejas tranquila esta noche!, dijo, para salir al paso y ver si podía frenar la insistencia del chico.

Pero él, se rió nuevamente.

-Estás preciosa hoy, con esa blusita que te sienta de maravilla. Ummmm, que escote, y que faldita llevas! Cuando te pasé rozando antes, por poco te toco el culo! Estás….. para comerte hoy!

-Todavía no me has contestado! Que es lo que quieres?, insistía Olga casi derretida.

-Pues…. Veo que estás muy innubilada hoy con el aspirino! Celebráis algo? Por cierto, aparte de los trajes, bailar reguetón, tampoco es lo suyo!, soltó David, sin dejar de reír.

Olga, veía que nadie entraba aún al baño, y suponía que Miguel la esperaría allí en la mesa, con las infusiones.

Se sentía aliviada porque todavía no pasaba ni un minuto de la llamada. Tenía que resolver aquello, ya mismo.

-No te vayas por las ramas, Davicito! Que rayos quieres?, dijo, elevando un poco la voz.

-Venga, guapi, no te cabrees, que te pones fea, y eso no va contigo! Pues…. Quiero verte, tocarte y…. comerte esta noche! Todo eso quiero!, sentenció David, haciendo ruborizarse a Olga, bajo la tenue luz de aquel baño.

Ella, volvió a suspirar, y sintió un calor que casi la hacía arder por todo su cuerpo.

-Hoy no puede ser, David! Miguel y yo, estamos celebrando nuestro tercer aniversario, y es por eso, que hemos salido de cena y de marcha. Donde estás?, preguntó, con mirada de enamorada.

-No…. Donde estás tú, que ya te perdí la pista! Te tenía cogido el rastro, pero te me escapaste!, le respondió David, tratando de resolver su duda. Cierto era que hacía un rato que no veía a Olga ni a Miguel, y fue por eso, que no tuvo más remedio que llamarla a su móvil.

-No, no te lo digo, que tú eres capaz de venirte para aquí! Y…. lo de vernos, David, sabes que me encantaría, pero….. esta noche, va a estar complicada la cosa!

Olga sentía un deseo infernal de tener sexo con él esa noche. Pero no sabía como hacerlo, para tratar de quitarse de en medio a Miguel, sin un pretexto bien sólido.

-Anda, no seas derrogona, preciosa! Si sé que lo estás deseando! No sé, pónle al aspi alguna escusa tonta, como que tienes que ir a cuidar de alguien, o que te ha surgido algo, así de repente! No está contigo ahora?, insistía David.

-No, no está ahora cerca de mí! Yo, estoy aquí en el baño del polanka!, dijo Olga sin querer, habiéndose descubierto.

-Ajá, o sea que en el Polanka, habéis encontrado refugio!

David, no daba a más a reir, viendo que dominaba la situación.

Y Olga comprobó, que había metido la pata sin quererlo, al revelarle donde estaba en ese preciso momento.

-Pero por favor no vengas, David, de verdad te lo pido! No vengas, que ya veré como lo hago!, contestó ella apurada, tratando de que su cerebro, generase alguna solución inmediata.

-Ummmm, quieres verme, e? Pues eso, dile que te llamó alguien para algo urgente, yo que sé! Y….. vienes para mi casa, que estoy solo, porque mis padres y mi hermana, se han ido para el pueblo este finde! Solos tú y yo en mi casa, preciosa! La noche promete, Olguita!

David, se sentía triunfador. Y sabía que la cosa, estaba casi solucionada ya de antemano.

No había objetivo que se le resistiese.

Olga pensó que David era un chico muy resolutivo, y que la treta que proponía para excusarse ante Miguel y encontrarse esa noche con él, era más que buena.

Y cuando colgó apuradamente la llamada, evacuó en el baño, y se miró al espejo suspirando.

"David me tiene loca. Sé que algún día, tendré que sincerarme con miguel, porque sé que si no lo hago, terminará dándose cuenta y le haré más daño. Pero tampoco quiero perderlo, a Miguel. La solución que David me ha dado, es genial. Le diré a Miguel que mi hermana me llamaba porque mi madre necesitaba que me quedase a dormir con ella, porque se comenzó a sentir mal en medio de la noche. Esto no está bien, lo sé. Pero….. deseo tanto a David, que no puedo resistirme!".

Olga, parecía haber encontrado ya, el salvaconducto perfecto. Y eso haría, en cuanto saliera del baño.

Y con un semblante más tranquilo y sosegado, se encaminó hacia la mesa donde Miguel, la esperaba con las infusiones ya preparadas.

No le dio ella tiempo a él a decir nada, porque se adelantó a hablar. Tenía ganas de ese encuentro con David, y creyó que debía actuar con rapidez.

-Cariño, esto es brutal!, dijo, sentándose en la silla, y tomando su taza de té en la mano.

-Que te dijo tu hermana? Pasó algo?, Tranquila, bonita!, le dijo Miguel percibiendo su apuro, y acariciándole la espalda.

-Pues sí, Miguel. Era ella, y me dijo que a ver si podía irme ya para donde mi madre, que es que…. Creo que le está dando la noche a la pobre! Dice que quiere que vaya yo para allí, y que no hay forma de que se duerma! Ya sabes que cuando le da el brote de lo del dolor, se pone como una niña!

Miguel, sintió mucha lástima, y su cara, reflejaba un sentimiento que navegaba entre la decepción y la pena. Hubiera deseado pasarse aquella noche hasta el amanecer con su novia, para celebrar a lo grande su tercer aniversario.

Pero él, notaba que Olga, debía ayudar a su madre y estar con ella en ese momento.

Y se resignó, pues no había más opción posible.

-Ya, ya lo sé, bonita. Hubiera deseado estar contigo hasta que saliera el sol. Pero…. tu madre te necesita, y tu hermana, no puede estar sola con ella en esas circunstancias. Así que… vamos, bonita, vamos para casa. Coge lo que necesites, y….. ve con ellas para ayudar!, dijo, bajando su transparente mirada.

Olga sintió algo de remordimiento al percibir el gesto tan empático de miguel, y pensó que era muy aprovechada, al valerse de esa mentira para salir al paso.

En efecto su madre, sufría de fibromialgia, y cuando sentía el brote de dolor muy acusado, adoraba tener a sus dos hijas allí cerca de ella en su casa, aunque fuera noche cerrada. Pero en esa ocasión, todo era una farsa para estar cerca de David, quien ya la esperaba ansioso en su habitación, dispuesto a pasarse el resto de la noche con ella, perdiéndose en su cuerpo.

Y así fue como Miguel resignado y Olga muy feliz, acudieron ya para casa, una vez hubieron tomado sus infusiones casi sin saborearlas.

La noche se antojaba hermosa entre ellos. Pero algo había surgido, para que esto no pudiera ser así. Él la acercó en su coche a casa, y al despedirla con un interminable beso, le deseó una noche llevadera.

-Ya te cuento mañana por la mañana, vale cariño? Venga, descansa, que seguro que con la guardia de esta tarde, te hará falta!, sentenció Olga, besándolo también a él, y acariciándole la cabeza.

Y una vez él se fue y se quedó sola, la chica cogió a toda prisa su pijama más sexi, ese que tan solo reservaba para ocasiones especiales, y esperó unos minutos, hasta que Miguel tuviera tiempo de llegar a su casa.

Y hecho todo eso se fue, se fue para donde su amante David, que con deseo, nada más verla ya en su casa, casi la desnuda con la mirada. Al fin la tenía allí a su lado, para pasar la noche juntos, allí entre sus sábanas.

David se sentía orgulloso de si mismo. A pesar de su juventud, era un chico muy obstinado y cuando quería lograr algún objetivo, nada se le ponía por medio.

Y esa noche, su meta era Olga, como casi desde que la había conocido.

-Por fin, preciosa, por fin! Lo ves? A mí, nada se me resiste, y menos tú!, le dijo con un deseo atroz, nada más abrirle la puerta.

Olga, se sentía en ese momento, protegida y a salvo. Bien sabía que allí nadie podría verlos, y que Miguel, nada sospecharía de todo aquello.

Estaba en su particular nido de amor, allí al lado de David, ese joven que la tenía completamente loca de amor y deseo.

-Estás guapísimo, David! Estás…. Para comerte, con esa camiseta y esos vaqueros! Nunca puedo resistirme a ti, le musitó, siendo abrazada por él.

Y casi seguidamente, allí en el sofá color pistacho del salón de ese piso, los dos tortolitos, tuvieron su primer coito de aquella noche, que a pesar de ser ya cerrada, de seguro prometería mucho.

-Mmmm, como me gustas, preciosa! Estás tan suave hoy, que no puedo dejar de acariciarte!

David se estaba dando su particular festín con Olga, y ella lo mismo. Cada vez que se unían cuerpo a cuerpo, piel a piel, ella notaba que su consciencia, ascendía casi a límites superiores.

Lo miraba profundamente a esos ojos azules y penetrantes, y con voz jadeante por el placer, le dijo:

-Eres mi tentación más feroz! Me encantas, David!

Y cuando ya volvieron a la calma tras ese primer encuentro sexual de la noche, comenzaron a charlar un rato distendidamente, con la luz encendida, y ya en la habitación.

-Me has hecho pasar unos nervios de 10 esta noche, David! Eres más malo tú......

Olga le sonreía, y él, la abrazaba por detrás, tapados ambos con un mullido hedredón nórdico, allí en su cama.

-Soy más malo, que Leviatán, como me decía mi abuelo! Y tú estás más buena, que las galletas de Oreo! Bueno.... eso, es poco decir....., le dijo el chico, estrujándola cariñosamente.

Y luego, tras hacer que ella se derritiese y casi entrase en ebullición, añadió con sorna:

-pero una chica como tú, que hace con ese..... aspirino? Tiene una pinta de parao, que no veas! Ese no te debe de dar, na de na!

Olga entonces, aprovechó para poner ella también su aporte de humor. Al fin y al cabo, se sentía feliz de ver a David tan celoso de su novio.

-Anda que si te pilla, te secciona la aorta! Recuerda que él es médico, y sabe como hacerlo, cariño!

David, se rió a mandíbula batiente.

-Y si sabe que tú le engañas, igual te corta a ti la yugular, preciosa!, dijo, mientras se tumbaba encima de Olga, para acariciarla y besarla sin fin.

Y así estuvieron prácticamente, hasta el amanecer. Entre sexo y abrazos, bonitas palabras y algún que otro rato de agradables sueños, pasaron aquella gélida noche invernal.

-Lo de la casa rural, sigue en pie, preciosa? Me encantaría que me dedicases un fin de semana. Imagínate, tú y yo solos, ahí en un pueblecito de la montaña, juntos y sin nadie que nos moleste, Sería..... genial, Olga.

Nada más que el día abrió su cortina, el joven David, se acordó de una promesa que Olga le había hecho hacía un tiempo. La chica, con el vaso de leche en su mano para desayunar, lo observaba casi sin pestañear.

Y él, que se estaba enamorando de ella más de lo que creía, no se había olvidado de aquellas palabras.

Ella suspiró, mientras huntaba con mermelada de fresa, una tostada recién hecha.

Y lo miró a los ojos, subyugada por él.

-En cuanto pueda, nos vamos, David. Creo que dentro de unos 15 días, Miguel tiene guardia, y cae en fin de semana. Yo te lo dije y lo hago. Pero.... no se te va una! Y eso que lo habíamos hablado ya hace tiempo!

-Tengo memoria de elefante, Olguita. Eso, va a ser brutal. Allí en la montaña, tú, yo, y la luna! Iuju!

David, estaba eufórico de alegría al verse así, correspondido por Olga. Aquella proposición ya la tenían ambos en mente, hacía meses. Pero las relaciones clandestinas es lo que tienen, que para poder consumarlas, se necesita esquivar la realidad, como el conductor lo hace con los baches de la carretera y así, lograr que el trayecto sea más llevadero.

Olga se sentía en un cruce de caminos, bastante difícil de atravesar. Ella quería mucho a Miguel, porque era como su protector, su alma complementaria. Pero por otro lado estaba el joven David, que representaba para ella ese lado más carnal y excitante que tanto se necesita para gozar de motivación en la rutina.

Y ahí estaba la mujer, indecisa y tratando de sortear una situación que sabía que algún día, debía encarar como era debido.

Mientras tanto David, que en esos momentos y tras haber finalizado ya el bachillerato, se hallaba cursando su grado de diseño gráfico y quería ser cocinero a toda costa, estaba enamorado de ella, más de lo que pudiera creer. Y en ocasiones se sentía celoso, por tener que compartir a Olga con otro hombre, al que consideraba una molestia.

-Estamos locos los dos, cariño! El plan seguro que sale genial. Yo tengo muchas ganas de pasarme contigo, más de un día seguido. Y creo, no..... afirmo, que Miguel dentro de 15 días, tiene guardia y por tanto.... Nos podremos fugar juntos a la montaña, dijo la chica, tomándose su último sorbo de leche con colacao.

David la besó con pasión en los labios, y aquello le supo tan dulce como sus palabras.

-Miguel..... Miguel..... Miguel, me toca las narices, preciosa! No entiendo porqué no eres valiente y..... lo mandas al carajo! Nosotros estamos bien cada vez que nos vemos, y....

El joven, no supo continuar. Tal vez no sabía como hacerlo o quizá, estaba reconociendo de una vez por todas ante Olga, sus verdaderos y puros sentimientos hacia ella.

La chica, que bien interpretó el sentido de aquellas afirmaciones, suspiró profundamente, y lo abrazó con fuerza, allí, sentada en su silla frente a la mesa del desayuno.

-Ojalá pudiera, David. Pero.... tengo mucho miedo de hacerle daño, porque sé que él, me quiere muchísimo. David, no me pidas que sea perfecta, porque no lo soy en absoluto. Lo que está claro es que tú para mí eres como una adicción, como un tesoro del que no puedo desprenderme. Y Miguel.... Él es.... Es.... Como mi lado más sensato, esa parte que necesito tener en mi vida. David, algún día todo cambiará, y de seguro, las cosas serán diferentes. Pero.... tú me quieres, David? Que sientes tú por mí?

Olga, se lanzó con aquella pregunta, porque en realidad, necesitaba conocer la respuesta. Y tal vez para ir abriéndose camino, quería corroborar sus impresiones y sensaciones acerca de los sentimientos de David.

Él, quedó en silencio, observándola detenidamente. El sol entraba por la ventana y sus rayos, iluminaban la escena, a pesar de la mañana gélida e invernal.

El chico, se sentía atrapado. Siempre le había funcionado de maravilla esa actitud de tipo duro y algo frívolo, que tan solo quería a aquella mujer, para pasar apasionados y placenteros ratos de sexo. Pero se había ido enamorando lentamente de ella, aún sin advertirlo.

Y en ese preciso instante tan comprometido para él, recordó como un fotograma de cine, esas insinuaciones que en la noche, le había hecho uno de sus mejores amigos, cuando aún estaban de marcha.

"Sí, me he enamorado de ti, Olga! Yo no quería.... Pero ha pasado y ahora, no tengo más opción que reconocerlo. Tú has sido valiente en preguntármelo y yo, e de ser igualmente valiente para decírtelo!", pensó ruborizado, y con gesto algo nervioso.

Y al fin, tras otros instantes vacilantes, se decidió a hablar, de una vez por todas y sin tapujos.

-Olga.... yo.... Sabes que nunca quise hacerte daño, ni jugar contigo, aunque haya dado esa impresión. Soy más joven que tú, pero eso no significa que no conozca lo que siento, ni que no pueda enfrentarme a ello. A veces soy un poco..... tonto, porque intento dar para afuera, una cara que no es mía. Pero.... yo, Olga, sé lo que siento por ti en mi corazón. Y esto, esto, es amor!

David, concluyó así su sincero monólogo. Ciertamente, parecía que se hubiera transformado de pronto, y que ese ejercicio de autoconocimiento de los propios sentimientos, lo estuviera haciendo allí mismo frente a olga, que quedó gratamente sorprendida. Sin duda ese joven que tan loca de amor la tenía, se estaba sincerando con ella de una forma total.

Y ella, vaciló mirándolo en silencio, antes de decir nada.

Pero ese silencio revelador, duró poco, pues la chica, no pudo por menos que igualar la sinceridad de David, y abrir nuevas direcciones que tal vez, le dejasen a él, un hilo de esperanza para continuar con aquella apasionante y prohibida historia.

-David, sabes que tú, eres mi debilidad, mi dulce locura. El tema aquí es miguel, mi novio desde hace tres años ya. Yo creo, David, que me acabas de dar una gran lección de valentía, esa que tanto me falta y me ha faltado a mí, para ser clara con él, con mi chico. Y ahora..... ahora, después de lo que te acabo de oir, David, creo que.... No he sabido estar a la altura, ni tuya, ni de él. Pero todo puede cambiar, pues yo, no imaginaba que..... que.... Me quisieras, David! Yo pensaba que para ti, era un mero entretenimiento, una mujer con la que poder follar siempre que quisieras. Pero.... me amas y eso, es increíble para mí!

-Quieres decir que..... podríamos estar juntos de verdad? Juntos tú y yo, sin escondernos, sin mentiras y sin..... máscaras! Yo, Olga, llevo así contigo, desde hace más de un año! Sabré esperar el tiempo que necesites, porque para mí lo importante hoy, es que te he dicho de una vez por todas la verdad, sentenció David sintiéndose victorioso, y besando con pasión a Olga.

Tal vez su historia de amor, como tantas otras inconclusas y clandestinas, hubiera comenzado de verdad, aquella gélida y ventosa mañana invernal.

UN SENTIMIENTO LLAMADO AMOR

“Ahora a marcharnos de aquí, vaya pereza! Los padres a veces con las cuestiones del trabajo, nos hacen la picia! Y ahora justo que estaba empezando medio medio con Ibai, me tengo que ir para los Estados Unidos! Uf, que mal!”.

Amaia, estaba tremendamente agobiada y algo desilusionada, en vísperas de que debía partir con sus padres y hermano pequeño, a tan lejano país. Ella, amante de las series americanas de su tiempo y de los Back Street Boys, tendría que estar lo bastante feliz como para no lamentarse de aquello.

Pero lo cierto era que esa chica de fino cuerpo, cabello moreno y carácter tímido e introvertido, ya a sus 16 años, veía casi un futuro allí, en su Euskadi natal.

La villa de pescadores en la que se había criado y crecido, era casi una poesía para ella, con su olor al mar cantábrico, y hasta con sus desmanes políticos, en los que su familia, tampoco estaba tan implicada, si bien tendían al independentismo.

Quien si lo era y declarado además, era su último ligue, el gamberro Ibai, que andaba todo el día por la calle, y como si de un pintor profesional se tratase, no paraba hasta ver donde podía dejar algún manchón reivindicativo a favor de los presos que según él, el estado español encarcelaba sin motivo y por su lucha secesionista.

Y Amaia, a veces iba con él, más que como compañera de correrías, como su nuevo amor, por el que se sentía bastante enganchada ya.

Pero no había tiempo que perder, y en aquel otoño, debía irse con su familia para el país de la Coca-cola y de los rascacielos, pues su padre que era constructor, tenía, por orden de la empresa para la que trabajaba, que ir allí a cumplir un nuevo contrato.

Y la chica, que era tendente a la nostalgia y de adaptarse mal a los nuevos lugares, estaba llena de dudas. No es fácil emigrar a una tierra desconocida, que por mucho que ella la viese en sus películas y series preferidas de televisión, todavía, seguía siendo una tierra hostil y lejana.

-Joder, Amaia, ahora te tienes que ir, justo cuando estábamos empezando! Y encima a los States! Allí debe de ser todo superdiferente, y un poco aburrido!

Ibai, ese jovenzuelo del mismo pueblo costero que Amaia y que era un macarra de los grandes del barrio, ya casi estaba sintiendo la marcha de su amiga especial, y eso que esta, aún no había partido de allí.

Para él, que ya comenzaba a debutar como pequeño terrorista callejero o “borroka” en su jerga, todo lo que fuera ajeno a esa Euskadi castiza que tenía en su mente, era hostil y carecía apenas de interés.

Y en cuanto supo del próximo destino de su amiga especial, la joven y tímida Amaia, le entraba poco menos que urticaria.

No era muy destacado él en los estudios, si bien las tuercas y los engranajes, se le daban de maravilla. Y quería eso, dedicarse a ser mecánico, en un futuro próximo. Con 19 años que tenía, desde luego, no es que tuviera el punto cardinal demasiado bien encontrado. Pero luchaba a su modo por salir adelante, y porque su novia Amaia, de 16 años, se quedase allí a su lado, para quizá, convertirla en su aventajada alumna en aquello de la lucha callejera.

-Ibai, sabes que me tengo que ir, y eso, no depende de mí! Entiéndelo, amortxu!, le decía ella cariñosamente y con dulce sonrisa, para hacerlo entrar un poco en razón.

Pero él, obstinado y algo infantil, no terminaba de comprender que de ganar pero también de perder, se compone la vida en su conjunto.

-No veas la rabia que me da, biotza! Y encima, te vas para tan lejos! No me olvidarás, verdad?, insistía Ibai, con gesto algo inseguro, y haciendo una caricia a Amaia en el trasero.

Ella, que para el fondo de su ser ansiaba con poder experimentar aquella nueva aventura con que la vida la estaba deleitando, lo besó apasionadamente, jurándole casi, que aquel nuevo comienzo en su vida, no sería el fin de esa historia recién comenzada entre ellos dos.

Y así, entre preparativos y alguna que otra lágrima, Amaia, junto con sus padres y hermano Jonander, de 10 años, se embarcó en aquel viaje, sin poder establecer un plan para su vuelta, entre otras cosas, porque la joven, desconocía totalmente, cuando sería eso.

Y su corazón tuvo que despedir a toda la gente a la que tanto quería, incluidas sus mejores amigas Garbiñe y Maider, que eran de esas desde los felices tiempos de la guardería. Y por supuesto a Ibai, el joven con quien coqueteaba desde hacía un tiempo.

-Nos acostumbraremos, ya lo veréis. A mí y a Amatzu, también nos da pena irnos. Pero es lo que hay, hijos….. Seguro que allí en Nebraska, seremos también muy felices.

El padre de esa familia, trataba por todos los medios, de contentar a sus hijos y también como no, a si mismo. No es fácil emprender un futuro por prometedor que sea este, con el fantasma de la incertidumbre siempre alerta. Pero su empresa de construcción, era lo que demandaba, y allí tenía que irse con su familia, a la desconocida y peculiar Nebraska, en el medio oeste de los Estados Unidos.

-Apa, ojalá que allí, no sea difícil el cole!, exclamó el pequeño Jonander, con un leve bostezo.

Su hermana Amaia, se rió a carcajadas, Siendo observados ambos por su padre, que también esbozaba una leve sonrisa.

-Anda, que tú, puedes con todo, campeón! Desde cuando un vasco tiene miedo?, le dijo el hombre con convencimiento, y gestos batalladores.

-Mira el lado positivo, Jon! Así aprenderás del todo inglés, con la ilusión y ganas que tenías!, reforzó Amaia, acariciando el alborotado cabello del pequeño.

Y cuando la otra mujer de la familia, madre y esposa de aquellos tres seres llegó de hacer la compra, también se unió a la charla.

-Anda, que con el clima tan loco que hay allí en Nebraska, más nos vale acostumbrarnos pronto!, dijo la mujer entre sofocos, de una alocada carrera de esas que te cogen en medio de la lluvia y sin paraguas.

El marido, allí en el sofá, se rió a carcajadas.

-Pues mira como llegas tú, Necane! Anda que te has calao entera!

Y Amaia, tan dispuesta ella como siempre, acudió rauda a echarle una mano a su madre en la cocina, mientras su padre y hermano, hacían las camas.

-Menudas horas de hacer la cama, chicos!, chilló Necane, colocando la compra que traía en las bolsas del supermercado.

-Hemos estado de charleta. Es que con lo del cambio de horario, estoy aún despistado, respondió el hombre, como una buena justificación.

-Pues anda que cuando lleguemos a Estados Unidos, será brutal lo de la diferencia horaria, dijo la mujer, guardando las bebidas en el frigorífico.

Y así, cada cual a lo suyo, aquella familia, trataba de disfrutar un poco de sus últimos sorbos de tiempo por allí, por su amada tierra vasca.

Esa nueva tierra, lejana y casi desconocida, iba resultando cada vez menos hostil para todos aquellos miembros de esa familia que a ella habían ido, por motivos laborales.

El trabajo los había obligado a mudarse al otro lado del charco. Y allí estaban, en una ciudad mediana del estado norteamericano de Nebraska, ese en donde el clima es tan cambiante, y los ciudadanos, tanto creen en la ley.

Amaia, era tal vez, la que más desubicada estaba todavía. Los primeros días no fueron fáciles para ella, puesto que tan unida como estaba a su hermano pequeño, ahora apenas coincidían, por culpa de los horarios.

Cierto era que se llevaban unos años. Pero allí, en su ahora lejana tierra euskaldún, al vivir en un pueblo pequeño, todo era más cercano y Amaia, era a menudo, la que iba a recoger a su hermano al colegio.

Pero ahora imposible, dada la distancia entre un centro escolar y otro.

Ella, que provenía de un ambiente casi familiar en el instituto donde estudiaba antes, ahora se veía inmersa entre una masa de gente a la que no conocía para nada, y que poco hacía por integrarla, a decir verdad.

Además su carácter tímido e introvertido, ayudaba poco a su despegue.

En ese lugar las cosas, eran muy diferentes. Los chicos y las chicas iban muy en grupos, y pareciera que había jerarquías, dentro incluso, del mismo aula.

"Que diferente es esto, a donde yo estudiaba! Aquí la gente va como muy a lo suyo, y no son todos una piña… van en grupitos!", pensaba Amaia un poco desazonada, observando en silencio a su alrededor.

Desde luego en su clase de 1º de bachillerato, que ya comenzaba aquel año, no había mucha gente que le tendiera la mano.

Y se sentía sola, bastante sola a ratos.

-Si al menos coincidiera con su hermano tanto como antes, a lo mejor estaba más alegre la pobre, decía su madre, que como todas, no pasaba por alto la soledad de su hija.

-Seguro que pronto hace amigos. Es verdad que aquí las cosas, son muy distintas, Necane!, aprobó el padre, fumando un puro para relajarse tras su jornada laboral.

Y así, todos intentaban adaptarse a aquello.

Amaia no lo tuvo fácil, pero como siempre hay quien merece la pena, pronto halló esta joven, a una buena chica con quien al menos, sentirse algo acompañada.

Ella era Cloe, una joven compañera de clase, que de entre toda esa masa, parecía ser la más dispuesta a abrirse para conocer a la recién llegada Amaia.

Tenía la zagala aspecto jovial y rasgos escandinavos, con nariz respingona y cabello pelirrojo natural, y largo hasta media espalda.

Era aplicada en matemáticas, y adoraba a los gatos y a la gente diferente.

Tal vez por eso, se aventuró ella a conocer a Amaia, a quien percibía muy sola y apartada.

-Podemos sentarnos juntas, y así por lo menos, te sentirás más acompañada, le ofreció una mañana, en que volvían del descanso.

Amaia, que siempre había percibido a esa chica como un poco diferente a los demás, sonrió tenuemente, con gesto agradecido y algo esperanzado.

-Gracias, de verdad.... Cloe te llamas?, le preguntó tímidamente, con el mejor acento inglés que pudo.

La chica, sintió algo de lástima por Amaia, y le parecía que estaba un poco triste y que irradiaba en su dulce mirada, esa nostalgia propia de quien está a tanta distancia de su tierra natal.

Y fue así como comenzaron a ser más y más amigas, cosa que a Amaia, le sentaba de maravilla.

-Esta tarde, podemos salir a dar una vuelta por ahí al centro comercial! Te apetece?, le propuso Cloe, aprovechando ya el ambiente prenavideño que se respiraba.

Las luces lo inundaban todo, y parecía que el ambiente enteramente, invitaba al consumo.

Amaia, que poco a poco había ido adaptándose al nuevo nivel académico, tenía abierto ahora, un nuevo campo de batalla.

Resultaba que en su clase, había un chico, que la traía de cabeza.

Él era Brian, un adolescente algo mayor que ella, de aire chulesco, y que la ignoraba totalmente. Era el muchacho de esos típicos norteamericanos algo infantiles, adeptos a las series de enredos, y bastante egocéntrico culturalmente hablando.

Hacía ya tiempo que se había percatado de que una chica europea había desembarcado en el aula. Y como buen estadounidense nacionalista, infravaloraba todo lo que se saliera de sus fronteras.

Y no digamos ya, cuando supo que la joven, procedía de España, concretamente de aquella región, en la que el terrorismo separatista, era un problema más que serio.

-Esta, será como los árabes, una terrorista! Y encima, parece medio bobalicona, porque apenas habla más que con mi amiga Cloe!, solía comentar el chaval en su grupo de amigos, o con su novia Lynne, que era parecida a él en carácter e ideas.

Pero Amaia, estaba loquita por él, pues el joven, era guapo y se cuidaba mucho.

"Parece un actor de cine, o de series! Es guapísimo Brian! Pero.... me ignora, o lo que es peor, me desprecia. El otro día, no se quiso poner conmigo para lo del trabajo en grupo, de la clase de ciencias. No sé, parece como que le doy grima", pensaba ella, algo desilusionada.

Y su ahora amiga Cloe, que ya sabía de sobra su interés hacia el chico, aprovechó aquella tarde para sacarle el tema, mientras ambas, tomaban un batido en una de las cafeterías de ese gran centro comercial.

-No conseguiste el otro día hablar con Brian? Cuando veníamos de clase de Educación Física! Es que él es..... es..... bueno..... un poco....., titubeaba Cloe, mirando fijamente a su amiga, que ya estaba ruborizada.

-Él.... Él..... me desprecia, Cloe! Me mira raro, y..... me da la sensación de que no quiere ni verme! Además, va mucho con esa chica, que no me acuerdo como se llama. Ella será su novia!

Amaia, se aventuró a desvelar tan grande enigma. Y con sumo tiento, aprovechó para lanzar la pregunta, pues Cloe, amiga de él como era, algo tendría que conocer al respecto.

La chica, que sabía que su amiga estaba colada por Brian hasta los huesos, alguna vez había intentado que él, también se acercase a ella. Cosa infructuosa, pues el muchacho, para lo joven que era, poseía una cerrazón mental, digna de alguien que le triplicase la edad.

-Pero..... como voy yo a hacerme amigo de tal tipa? Española y de ese sitio del norte, fijo que es terrorista! Defenderá el terrorismo, porque yo leí que allí de donde es ella, matan a policías y a políticos, para separarse de España!

Brian, pronunciaba aquello, como si de un dogma se tratase, dejando estupefacta a su amiga Cloe, que no comprendía nada de todo aquello. Ella a Amaia la veía como una buena chica y excelente compañera, y jamás se le hubiera ocurrido pensar algo así de ella, solo por meros prejuicios.

-Pero que dices, Brian? Ella es buena chica, y….. muy educada. Yo he estado alguna vez en su casa, y jamás he visto nada raro!, le explicaba, con la esperanza de hacer que él, cambiase de idea.

-Pues yo, no me fiaría mucho de ella, porque….. seguro que….., insistía Brian, con gesto algo burlón y chulesco, propio de quien se sabe gustado.

-Tú, amiguito, ves demasiadas películas de acción, a que sí?, le preguntaba Cloe, con algo de rabia al verse tan ignorada.

Estaba claro que con Brian, poco había que hacer para que cambiase su opinión sobre Amaia. Eso sí, una opinión únicamente forjada desde los más absurdos prejuicios.

Cierto era que la familia de Amaia simpatizaba algo con el nacionalismo vasco. Pero de ahí a ser terroristas, iba un trecho. Amaia se vió por tanto de pronto y sin saberlo, despreciada por un chico por el que se sentía enormemente atraída, tan solo por su origen vasco.

Cierto era que añoraba a Ibai, el muchacho ese tan conflictivo con quien había comenzado una amistad especial, antes de partir para Estados Unidos. Pero Brian, con aquel cuerpazo y esos ojos azules, le había roto esquemas.

Y ahí seguían las dos amigas, en la cafetería de aquel luminoso centro comercial, tratando de hacerse confidencias.

-Lynne no es su novia…. Bueno….. tontean y tal. Pero mi amigo Brian es así! Ahora está con ella, y luego….. vete tú a saber!

Cloe, trataba de explicarle a su amiga Amaia, como era en realidad Brian. Ese joven era un poco de ir de flor en flor, porque sabía que podía hacerlo, y también, porque su carácter inmaduro, no le permitía por el momento, tener relaciones estables.

Amaia, la miró con cara algo triste. Se estaba empezando a enamorar de verdad de ese chico, y todo aquello, era un verdadero quebradero de cabeza.

-Fijo que ha sido ella la que lo robó! Ha faltado el walkman de Phoebe, y en esta clase, jamás nadie había robado nada!

Aquella mañana de enero, pasada ya la navidad, fecha en que la familia de Amaia había aprovechado para hacerse una escapada a su pueblo euskaldún, todo volvía a ser igual o tal vez peor, para aquella joven.

Las navidades, las pasó en compañía de su pandilla de amigos, y también de Ibai, ese joven tan macarra que no la dejaba ni a sol ni a sombra.

-Tía, desde que te nos fuiste para los States, pareces otra! Hablas menos, que un pez por el culo!, le espetó cierto día, dejándola con una sensación extraña.

Ella, no quería desvelar sus sentimientos hacia Brian, porque creía que eso, era parte de su intimidad. Pero con sus amigas Maider y Garbiñe, esas desde tiempos de niñas, la cosa, no le fue tan sencilla.

-Amaia, maja, a ti, hay algún tipo que te tiene loquita allí, a que sí?, le decía Maider, con una sonrisa socarrona bajo su carnosa cara.

Amaia, quería que se la tragase la tierra. Y titubeaba, sabiendo que no tenía mucha escapatoria.

-Ai, Maider, bueno….. No sé….. Pero por fa, no digas nada! Sí….. Maider, hay….. bueno…..

-A ver, tía, suéltalo ya, que me estás poniendo de mala leche con tu misterio!, dijo la muchacha, con ese tono algo agresivo, tan típico de los vascos de pura cepa.

-Él se llama Brian, y es guapísimo, Maider! Rubio, ojos azules, y un cuerpazo de alucinar! Pero…. no me hace caso, y encima, me desprecia porque soy vasca! Me han dicho que cree que soy terrorista, y….. su mejor amiga que también se lleva genial conmigo, me dice que es por eso por lo que no quiere ni hablar conmigo, ni que me ponga en los trabajos en grupo con él….. Pero él….. me gusta…..

-Puto txakurra el yankee de los cojones! A ese lo pillo yo, y lo frío a ostias! O sea que cree el muy subnormal que eres etarra, y por eso, no quiere saber nada de ti! Pues vaya con los americanitos! Tanta potencia mundial, y luego, con más prejuicios, que los españoles todavía!, soltó Maider, con el cuerpo tenso, y casi en posición de ataque.

Ella era nacionalista, y acudía regularmente a las manifestaciones reivindicativas que a menudo, se producían en la zona o en el mismo pueblo.

-Anda, no te pases….. yo que sé….. sí, tendrá prejuicios, tal vez, por lo que oye en las noticias de los atentados y tal! Pero….. me gusta, Maider, me gusta mucho!, susurraba Amaia, casi derritiéndose.

Pero su amiga, no parecía demasiado sensible hacia sus sentimientos, e insistía en que ese tipo, era un bobalicón.

-Y con Ibai, maja? Que harás con él? Le has dicho algo de todo esto?, la interrogaba, haciendo que la muchacha, se pusiera algo nerviosa.

-Por fa, Maider, no le digas nada a nadie, vale? Somos casi como hermanas, y por eso, confío ciegamente en ti!, le suplicaba Amaia, con mirada de cordero degollado.

-Tú si que estás ciega, Amaita! Mira que molarte ese….. tontorrón, que encima, ni sabe apreciar la mujer que eres!, sentenció Maider, con cierta parte de razón.

Y así, entre charlas y charlas y algún que otro paseo con Ibai, que pese a todo seguía siendo su amigo especial, Amaia, pasó aquellas navidades, antes de volverse para Estados Unidos.

Y cuando lo hizo, se encontró sin quererlo en absoluto con la acusación de robo, por parte de Brian, sin pruebas ni nada que avalase tal agravio.

Y ella claro, tuvo que enfrentarse a él, o él a ella, mejor decir.

Un día al salir de clase, al ver que el dichoso aparato no aparecía y en señal de soberbia absoluta, Brian se encaró a ella, aprovechando que ambos estaban solos en el aula, recogiendo todo ya para marchar.

-Tú que, no dices nada?, le preguntó él con cierta agresividad, mientras se aproximaba a ella.

Amaia, con su mochila de cuadros en la mano, olió su colonia y lo vió ir para su lado, con aquel semblante que realmente, le imponía.

Y no pudo evitar ruborizarse, a pesar de que la expresión del chico, no era nada propicia para ello. Pero ella lo vió allí, tan cerca y tan atusado, que se le aceleraba el corazón por momentos.

Lo miró tristemente, no sabiendo que decir, pues realmente, nada intuía de todo aquello.

-Perdona, pero….. no entiendo que es lo que….., dijo, más nerviosa que un flan.

Pero él, que ya había ido sembrando algún que otro chisme sobre el tema y creyendo que ella estaría al tanto, se sintió algo ignorado.

-Tú, sabes más de lo que dices! Aquí en este aula, nunca había faltado nada, hasta que llegaste tú! Sabes ahora que es lo que quiero decir?, insistía Brian, con sus ojos azules clavados en la dulce cara de Amaia, totalmente desconcertada.

-No, de verdad, disculpa. Pero….. no sé de que me hablas…., dijo la chica, ya temblando.

-Tú, aparte de terrorista, debes de ser ladrona! El walkman de nuestra compañera Phoebe, ha desaparecido hace días! Y fíjate tú, que no se me ocurre pensar en otra persona para justificarlo, que no seas tú!, le soltó impenitentemente Brian, haciéndola casi llorar.

Amaia, se quedó de piedra. Bien sabía ella lo que ese chico que tan loquita la traía, pensaba. Pero de ahí a acusarla de algo así, iba un buen trecho.

Y no pudo hacer otra cosa que tratar de desmentir o al menos, intentarlo.

-De ninguna manera, Brian! Eso, es mentira, te lo juro! Yo no he robado nada, porque..... no me gusta hacer eso! Yo, no sabía nada, te lo prometo!

La joven parecía que se estaba confesando, ante un tribunal inquisitorial. Y no solo porque tal acusación era más que falsa, sino y lo más importante, por salvar su honra ante Brian, para quien pareciera que ella, era el mal absoluto.

No entendía esa dulce chica el porqué aquel joven se ensañaba así con ella, y las lágrimas, no tardaron en hacer acto de presencia, en sus ojos inocentes.

Pero a él, no parecía afectarle demasiado o al menos, daba una impresión de indiferencia total.

-No te creo, sabes? Y otra cosa! No intentes ponerte conmigo en ningún grupo más para hacer trabajos, porque sabes que no quiero! Yo con terroristas, no me trato!, apostilló cruelmente el chico, dejando a Amaia, hundida en el lodo.

-Pero.... por favor, Brian, por favor! Eso es mentira, mentira! Yo.... Yo..... soy buena gente, y......no hago esas cosas! Brian, por......

Amaia hablaba y lloraba, pero de poco le sirvió. Brian, con aparente frialdad, la dejó casi, con la palabra en la boca, mientras con paso chulesco, se alejaba ya hacia el pasillo para salir del instituto. Al fin y al cabo, él bien sabía lo que provocaba en ella, y eso, lo hacía crecerse.

Y Amaia se quedó allí en el aula, sola y llorando amargamente, sin consuelo de nadie.

"Tú mira, mira lo que piensa de mí! Y ahora, me acusa de robo, de robo siendo eso falso! Y seguro que eso lo ha ido diciendo por ahí por toda la clase, para darme mala fama! Jo, que vida más triste!", se lamentaba, allí sentada en su pupitre, con la mochila en el regazo.

Y cuando pasó ya un rato, decidió secarse las lágrimas, para que en su casa, nada notasen de todo aquello. Ya sus padres y hermano pequeño, intuían que el cambio brusco de residencia y de ambiente, la hacía sentirse sola a veces. Por eso la chica, no quería preocuparlos en exceso.

Su amiga Cloe la comprendía, y trataba de mediar como podía.

-Pero tú, Brian, que haces y dices? No te parece que has llegado ya demasiado lejos? Creo que debes una disculpa, a que sí?

Aquella joven pelirroja y alegre, trataba de hacer entrar en razón a su amigo, del modo más templado y jovial posible.

Él, que la apreciaba mucho y desde hacía ya años, la miró con algo de indiferencia.

-Por que iba yo a disculparme, lady sonrisa? Tu amiga, esa española……, dijo, con algo de sorna, y sabiendo bien por donde quería ir Cloe.

-Basta, Brian. Amaia, es buena chica, y yo he estado varias veces en su casa. Conozco a su familia, y….. no es así como tú crees! Ella, está loquita por ti, y tú, la desprecias sin razón! No te parece que deberías abrir más tu mente, mi pequeño playboy?, insistía la chica, sin darse por vencida.

Sabía que no era tarea fácil aquella, porque Brian, era de ese tipo de estadounidenses que piensan que el planeta gira, porque su nación existe, y el resto, es poco menos que tercer mundo.

Cierto era que tampoco la culpa recaía toda en él, y si mucho en su educación. Pero el caso es que aquello, repercutía negativamente en la imagen que sin conocer, él se había forjado de Amaia, que estaba coladita por sus huesos.

-A mí, no me gusta nada esa chica, Cloe! Respeto que seáis amigas… Pero….. yo, no quiero nada con ella!, seguía diciendo el chico, con gestos chulescos.

Estaba claro que la mente de Brian, seguía siendo obtusa, pese a la mediación de una de sus mejores amigas.

-El otro día, ella quería que tú te sintieses bien, y acercarse a ti un poco. Por eso te incluía en el grupo para trabajar. Y tú….. tú la desprecias constantemente sin conocerla, Brian. No crees que eso es un error?

Cloe, no cejaba en su empeño.

-Si yo le gusto a esa tipa, ella a mí no, Cloe! Además, yo estoy medio con Lynne, y….y….. que paso, que paso de esa tía!, sentenció, con intenciones de terminar aquella charla.

-Como quieras, Brian. Pero yo creo que te estás equivocando, y mucho! Si le dieras una oportunidad al menos para conocerla, verías que lo que te digo es cierto. Y….. por fa, quítate de esa cabecita la idea de que ella ha robado el walkman en clase, porque es mentira, vale?

Cloe decía esto suspirando, y sintiéndose algo derrotada. Pero no desechaba la esperanza de que algún día las cosas cambiasen. Al fin y al cabo, Brian no era un mal chico, y si bastante infantil. Pero estaba demasiado influido por sus prejuicios, esos que según el sabio Albert Einstein, son más difíciles de desintegrar, que un átomo.

-Pero como puede pensar una cosa así, Cloe? Es que no me lo puedo creer! El otro día al salir de clase, así que me lo dijo a la cara! Te juro, Cloe, que yo, no he robado nada! En mi casa, jamás se nos ha enseñado eso, y…..

Amaia, no sabía como justificarse ante su amiga Cloe, que era en esos momentos, su gran apoyo.

En su casa como no, la notaban triste, y más ausente de lo habitual.

-Amaia está triste, ama! No sé que le pasa, pero la noto muy triste!, le decía el pequeño Jonander a su madre, intentando ayudar un poco. Era un niño avispado y muy apegado a su hermana, por la que haría cualquier cosa.

-Sí, está triste Amaita. Tú intenta hablar con ella, a ver que te dice, vale cariño?, le sugería necane, dándole un sonoro beso en la cabeza.

Y el niño, en su pura candidez e inocencia, trataba de averiguar que le sucedía a su hermana, sin lograrlo, claro estaba.

-Es por los estudios, Jon. Tú si que eres un máquina, que te has adaptado genial, y mira que bien vas con el inglés! Pero a mí, me está costando más, se justificaba la chica, para disimular ante su hermano pequeño.

-Yo quiero que estés alegre, y apa y ama también! Nos gusta cuando te ríes, insistía el niño, mirándola con adoración.

-Anda, peloterito! Ya verás como en poco tiempo estoy mejor! Y tú que tal con tus nuevos lagunak?, le preguntaba la chica haciéndole un tierno pellizco en el moflete, y desviando la atención.

Y el niño, sin dejar de percibirla triste, trataba de contestarle, con expresión feliz.

-Muy bien en el cole con ellos! Tengo un amigo que se llama Nick, que es la bomba en baloncesto, y otra que se llama Holly, que es negrita y….. es superbuena en gimnasia!

El entusiasmo del pequeño Jonander, contrastaba claramente, con la mirada desazonada y baja de su hermana Amaia, que se sentía acusada falsamente, e ignorada por el chico que tan loca la traía.

-Como me alegro, Jon! Tienes que invitarlos a todos a venirse a Euskadi!, le sugirió Amaia, haciendo que él, diese un salto de alegría.

-Sí, sí, eso! Es una idea chachi!, exclamó, saliendo de la habitación de su hermana, pues su madre, lo llamaba para irse ya a la ducha.

“Qué feliz es mi hermano aquí, y que bien le va! Y me alegro por él! Yo a excepción de Cloe, no tengo apenas con quien hablar, ni amigos, ni nada! Y Brian, mi Brian! Me tiene loca, porque jamás ví chico tan guapo y apuesto. Pero….. no me puede ni ver, y me desprecia constantemente. Ahora me acusa de haber robado no sé que cosa, y eso, me ha hecho daño.”, pensaba la chica casi al borde del llanto, una vez quedó nuevamente sola en su cuarto.

Y para distraerse, se puso a estudiar un poco, porque dentro de unos días, había examen de ciencias.

A menudo recibía cartas de Ibai, ese amigo especial que había dejado en su Euskadi natal. En aquella época de mediados de los 90, esa forma de comunicación tan romántica y arcaica, era la nota dominante.

También las llamadas telefónicas. Pero de estas no se podía abusar demasiado, porque de lo contrario, uno se arruinaba.

Y así Amaia, no se sentía tan sola, máxime cuando sus mejores amigas Maider y Garbiñe, también se acordaban de ella, y le prestaban todo su apoyo.

Y en el instituto su nueva amiga Cloe, trataba de aliarse con ella.

Brian, por el contrario, la ignoraba a menudo, y seguía con esa dura coraza hacia ella, que no lo dejaba ver la gran persona que era esa muchacha.

Pero todo empezó a cambiar de pronto, un día en que este chico tan apuesto y resultón, comenzó a distanciarse de Lynne, esa muchacha tan presumida y superficial, con quien hasta ahora, tonteaba de continuo.

Y sabiendo de sobra que Amaia estaba coladita por sus huesos y que podía tenerla a su antojo cuando quisiera, sintió de repente, una curiosidad extraña hacia ella.

"Esa chica española….. Yo la ignoro, le hago rabiar. Pero…. ella, está loquita por mí, y lo sé. No es del estilo que me gustan a mí las chicas. Pero…. tiene una mirada, que parece Bambi, muy tierna e inocente. Y su cuerpo….. es así delgadito, y me gusta su boca. Sí, tal vez le haga caso a nuestra amiga Cloe, y me vaya acercando poco a poco a ella, porque visto lo visto, con Lynne, que es más presumida que para que, poco tengo que hacer!".

Este muchacho de penetrantes ojos azules, cuerpo esculpido por el deporte y andares presuntuosos, ya aunque fuera en secreto, se iba desengañando y dando cuenta de sus errores. Por lo menos, eso parecía. No era él mala persona para nada. Pero a veces, todos somos víctimas de nuestra educación y del entorno, que nos resta en lugar de sumar. Y él, se había criado así, en un microcosmos en el que Estados Unidos era el centro del mundo, y el resto, era poco menos que inframundo. De ahí sus prejuicios, y su actitud arrogante en ocasiones.

-Amaia, creo que te llamas, verdad? Te dejaste olvidado un boli en el laboratorio! Aquí lo tienes, le dijo una mañana Brian a la chica, tras la clase práctica de ciencias.

Amaia, que a esas alturas ya no esperaba nada bueno de él, quedó gratamente sorprendida, y más en las nubes, que un cohete espacial.

Se estaba ya acomodando en su asiento para la siguiente clase. Y de pronto, percibió a Brian allí a su lado, y hablándole en ese tono tan cálido y respetuoso.

Desde luego, del asombro que sintió, no le dio tiempo a analizar el porqué de tan repentino cambio. De eso, ya habría tiempo.

Lo miró con gran timidez y totalmente ruborizada, y le sonrió con ternura, tomando el bolígrafo en su mano, con cierta lentitud.

-Muchas gracias, de verdad! Ai, sí, sí, me lo dejé olvidado allí….. Es que yo….., dijo, con la voz entrecortada.

Y cuando la siguiente clase dio comienzo, Brian, se sentía satisfecho, y volvió a su asiento sonriendo para sí.

"Esta chica, está loquita por mí! Hoy, he hecho algo bueno por ella. La ví sonreír, y eso, es porque le encantó lo que hice. Tal vez sea interesante tener algo con ella. Liarme con una española? Oh, puede que tenga su morvo!", pensó ensimismado, sin poder prestar atención a la explicación del profesor McClintock, el de matemáticas.

Y a unos metros de distancia, también en su pupitre, Amaia, que sentía toda una tribu de mariposas volando por su estómago, tampoco paraba de pensar, eludiendo la explicación del profesor.

"Pero y este cambio? Ha sido maravilloso que Brian, me haya traído el boli que me dejé olvidado en el laboratorio! Y me ha hablado en un tono, que me sorprende mucho! No me faltó al respeto, ni nada….. Ha estado supertierno y magnífico, como es él! Oh, ojalá algún día pudiéramos ser algo más que amigos! Me encanta, me tiene loca!", se decía, con gran júbilo interior.

Sin duda ese día, uno con menos prejuicios y la otra con más alegría, la jornada escolar, había sido diferente. Tal vez a partir de ese momento, comenzaran a cambiar un poco las cosas, entre estos dos jóvenes.

Amaia, se encontraba ahora, mucho más alegre y segura. Máxime cuando su amiga Cloe, le hacía bromas casi a diario, sobre el cambio de Brian para con ella.

-Bueno, bueno! Por fin ha cambiado, este chiquillo! Te apuestas algo a que en nada tenéis un royete?, le decía, con sonrisa cariñosa, de esas que denotan un gran sentimiento de amistad.

Pero Amaia, pese a encantarle la idea, no lo tenía tan claro.

La miraba con cierto reparo, y suspirando, exclamaba:

-Sí que es cierto que ha cambiado….. Por lo menos ahora, ya me habla bien y no me desprecia. Pero….. de ahí a tener algo…… no lo tengo nada claro yo….. además, no está medio con esa chica? Con Lynne, creo que se llama la tontita esa, no?

-Ai, Amaia, que te me pones celosilla! Yo creo que Brian está tonteando con ella, porque….. pues….. porque él es de los mayores de la clase, y ella pues también…. Además es así pijita, del estilo que le gustan a él…… y….., titubeaba Cloe, algo apurada.

Y Amaia, hizo un gesto de desaprobación, como para contradecir sus palabras.

-Lo ves? A él, con lo guapo que es, le gustan más de su edad, y así tipo pijitas….. todo lo contrario a mí!

Pero Cloe, no quería desanimar a la chica, ni que se diera por vencida.

-Venga, Amaia! Quien te iba a decir a ti que ahora él te hablaría bien? Y lo está haciendo! No te desanimes, que a lo mejor Brian, ya no está con Lynne!

-Pero tú eso lo sabes? Sois buenos amigos él y tú, y tal vez….. sepas algo……, dijo Amaia, con la mirada fija en el rostro de su amiga.

Pero Cloe, a pesar de que bien sabía que lo de Brian y Lynne sonaba a agua pasada, no quería tampoco darle falsas esperanzas a Amaia, por si acaso. Aunque sin quererlo, se acababa de descubrir.

-Pues….. bueno….. tal vez ellos….. ya no están juntos, porque…… pues….. es que creo que ya no están….., decía, para salir del atolladero.

Y Amaia insistía en preguntarle, sin obtener del todo, la respuesta que ansiaba escuchar.

Al fin y al cabo, lo más importante para ella era que aquel chico que tanto le gustaba y por el que tan mal lo había pasado, se estaba acercando.

Aunque realmente Brian, no tenía otro interés de momento, que no fuera satisfacer su curiosidad morvosa, esa que tiene cierto cariz insano. Con Lynne las cosas no iban nada bien, y un día, todo se desbordó.

-Eres un engreído, un chulo, un idiota! Miras a todas, menos a mí! Ya solo te falta….., gritaba Lynne desesperada, al verse ignorada por el chico más popular del instituto, que no era otro que Brian.

Él, que ya se había cansado de ella y de sus caprichos, apenas le hacía caso. Pero aquellos agravios que estaba escuchando de su boca, no le gustaban ni un poco.

-Tú, Lynne, eres una tontaina. Piensas que el mundo existe porque tú estás en él! Y….. que quieres decirme con todo eso? Resulta que ahora yo….., respondió el chico, con aire frívolo y bastante cabreado.

Pero la joven, de aspecto desafiante y con intención de herirlo, lo interrumpió bruscamente, y no lo dejó continuar.

-Vaya, va a hablar el gurú de la humildad! Eres patético en todo, hasta en el sexo! Bueno, que digo….? En eso en lo que más! No llegas, Brian, no llegas al nivel de….

-Al nivel de quien, payasa? Tú me estás diciendo esto, estas tonterías propias de una niñata como tú! Pero por mi vida, que vas a saber quién es Brian de verdad! Ya te tragarás tus palabras, lady tacones!, vociferaba el joven casi fuera de sí, al verse humillado así de esa forma.

Y no hubo más discusión. Lynne se fue del lado de Brian dando grandes zancadas. Y él, ese joven tan ambivalente y desconcertante, se juró vengarse a su manera. Ambos se fueron en sentido contrario de la calle. Uno calle arriba, y la otra, calle abajo. Pero cada cual, con su sentimiento recíproco. Seguro que aquella bronca, tendría consecuencias en el futuro, tratándose de aquellos dos jóvenes tan impetuosos.

Y cual no sería su sorpresa, que yendo en dirección ya al gimnasio para entrenar, Brian se cruzó en una acera con Amaia, que aquella tarde se encaminaba a una librería cercana, para comprar un block para escribir notas, y algún material para que su hermano, hiciera un trabajo artístico en el colegio.

Iba ella con semblante silencioso como siempre, absorta en sus pensamientos, y con la mirada fija en los escaparates de las tiendas. De pronto reparó en uno de ellos, algo más luminoso que el resto, y que pertenecía a un local en el que se vendía ropa deportiva.

Brian, que iba también en esa dirección, y como amante a rajatabla del deporte sobre todo de gimnasio, también se fijó en el mismo escaparate y como no en Amaia, que allí estaba parada.

Los dos se miraron en silencio, y a la muchacha, no tardaron en salirle los coloretes en el rostro, fruto de la gran atracción que sentía por Brian, a quien tenía justo frente a ella.

Y fue él el primero en hablar, y lo hizo con mucha seguridad.

-Hola! Estabas mirando el escaparate de las zapatillas deportivas? A mí, me gustan esas Nike! Es que yo ahora, iba para el gimnasio, sabes?

Amaia, que no se terminaba de creer ese acercamiento y trato tan exquisito de Brian hacia ella, se quedó un poco cortada. Y entre el nerviosismo que sentía por encontrarse con él y lo perpleja que estaba por su calidez, no supo que decirle, al menos de forma inmediata.

Le sonrió de oreja a oreja, y apenas en unos instantes, acertó también a saludarlo con timidez.

-Hola, Brian…. Ah, que bueno…. Yo….. iba a la librería esta que hay dos calles más abajo, porque….. necesito unas cosas para…..

-Ah, que bien! Pues vamos juntos hasta allí si quieres, porque yo, también iba en esa dirección! Que tal todo?

Aquel chico, parecía casi otra persona, al menos, en su forma de tratar a Amaia. Ella, que estaba encantada con tal idea, decidió ir con él hasta allí, para luego, comprar lo que necesitaba.

Pero él, tenía una intención muy distinta de la que la inocente chica pudiera imaginar.

"Sí, voy a humillar a la payasa de mi ex, todo lo que pueda! Y creo que esta, es una buena forma…. Siempre desde que Amaia llegó, ambos, ella y sobre todo yo, la hemos discriminado mucho. Y a Lynne, le daría mucha rabia que yo, tuviera algo con ella. Fácil será, pues Amaia, está loquita por mí!".

Brian, al quedar de nuevo solo, y tras despedirse cortésmente de Amaia en la puerta de la librería, iba cavilando hacia el gimnasio, y haciendo aquel retorcido soliloquio.

Desde luego, no escatimaba él en aquel plan algo maquiavélico, y no pensaba en las consecuencias que aquello, de producirse, pudieran tener en Amaia, que realmente, lo quería desde el corazón.

Él buscaba vengarse a su manera de Lynne y humillarla. Y que mejor forma de hacerlo, que enroyarse con la chica más impopular de la clase?

"Eso, le dará una rabia tremenda! Según es ella de presumida! El que yo prefiera a Amaia antes que a ella, la hará acordarse de esas palabras que me dijo no hace mucho en plena calle, solo para fastidiarme!", siguió pensando Brian, viendo ya moldeada su absurda idea.

Pero de seguro nadie lo frenaría, pues sabía que aquello fácil iba a ser, y el resultado, sería el esperado.

Mientras tanto Amaia, en su ingenuidad y gran sentimiento hacia Brian, estaba muy ilusionada. Y en su casa claro, no eran ajenos a su repentina felicidad. Y lo notaban todos, aunque obviamente, distaban mucho de conocer la causa real de tal estado de Amaia.

-Hija, se te ve muy feliz ahora! Seguro que ya vas estando mejor aquí!, le dijo su madre Necane, cuando ambas ordenaban un poco el cuarto de Amaia.

La joven sonreía dulcemente. Y a pesar de que cierta incredulidad la asaltaba ante el repentino cambio de Brian para con ella, se sentía el ser más afortunado de la tierra porque al fin ese chico, no la despreciaba y le tenía cierta consideración.

Muy lejos estaba ella, de conocer las verdaderas y ciertamente mezquinas intenciones de él.

Aquella mañana de marzo, Amaia, probablemente influida por la ilusión que le producía la gran amabilidad y cercanía de Brian para con ella, iba especialmente atractiva al instituto.

Su cuerpo delgado, resaltaba bajo unas ajustadas mayas color rosa, y una camiseta con un sensual escote de pico, de estampado floral.

Pareciera que la chica llamaba al cambio, hasta en su vestuario de aquel día.

No era Amaia muchacha que le gustase especialmente llamar la atención con su ropa. Pero siempre como casi todas, guardaba en su fondo de armario con sumo mimo, aquellas prendas reservadas para días en los que el ánimo, estaba más exaltado que de costumbre.

Y Brian, que era él avispado para que sus ojos se fijasen en la anatomía femenina, no pasó por alto aquellas piernas, que aunque no eran muy rollizas, sí que resaltaban junto con el redondo trasero de la chica, bajo esa ajustada prenda.

"Mmmm, no está nada mal Amaia! La verdad es que me está poniendo algo caliente mirar para ella! Y si la invito a mi casa para dentro de dos tardes y me la llevo a la cama? Mmmmmm, esos pechos, estarán blanditos seguro! Y con lo loquita que está por mí, caro no me costará hacerla caer en mis redes! Eso sí, me tengo que asegurar alguna prueba para demostrar que ella se ha liado conmigo, para luego fastidiar a la bobalicona de Lynne! Seguro que todo saldrá bien! A la salida se lo propongo! La invito a mi casa, y……".

Ese rubio chico, no paraba de organizar ideas en su cabeza, mientras una vez más, el profesor MCClintock, se esforzaba en impartir la clase de matemáticas, que en esa mañana, trataba sobre la trigonometría.

Pero a él las únicas formas que le interesaban en ese momento, eran las del cuerpo de Amaia, que aquella mañana, le parecía especialmente resultona.

Y en cuanto terminaron las soporíferas clases, el joven, puso en marcha su maquiavélica estratagema.

Amaia ya había recogido todo, y se disponía a salir, cuando en la calle, un viento suave, agitó su morena melena. Y casi al tiempo, la no menos suave voz de Brian que le hablaba, la asaltó.

-Hola, Amaia! Que tal la mañana? Hoy, has estado estupenda en la exposición del laboratorio sobre las plantas! Claro, por eso….. te has puesto tan guapa!, le dijo sonriendo, haciendo que ella casi, levitase del suelo.

La chica se ruborizó, y el calor que sintió fue de tanta intensidad en todo su cuerpo, que creía sin lugar a dudas, que jamás había experimentado tal sensación. Se sentía sofocada y atrapada por el momento, pero enormemente feliz. Al fin ese chulesco galán, parecía fijarse en ella. A que vendría tal cambio?

Amaia miró para él fijamente, y sonrió de oreja a oreja, con la timidez dibujada en su rostro.

-Oh, muchas gracias! Bueno, es que….. yo esta mañana, tenía que…., dijo titubeando, sin encontrar el discurso adecuado, dado el apuro en que se hallaba.

Pero Brian, dominante claro de la situación, le arrebató la palabra, y sin perder tiempo, se dispuso no sin volver a lisonjearla de nuevo, a proponerle un plan para la tarde.

-Increíble, has estado increíble en la exposición de ciencias! Todo me ha encantado…. Tu ropa, tu dominio de la palabra….. Creo que para completar el día tan excelente que llevas hoy, podríamos tú y yo....... Podríamos si te apetece, quedar esta tarde! Te gusta la idea?

Aquello sonaba muy bien, más que bien. Pero Amaia, tímida y poco acostumbrada a quedar con desconocidos, se vió sorprendida por el plan. No podía ser que aquel chulesco muchacho, hubiera cambiado tan repentinamente de actitud. Pero lo cierto era que ahí estaba la evidencia y Brian, de forma muy clara, le estaba haciendo una propuesta, más que tentadora.

Tampoco él era tan desconocido, aunque se hubieran intercambiado pocas palabras a lo largo de aquellos meses.

La chica, sin dejar de sonreír, acertó a decir entre dudas.

-Bueno.... gracias por lo que dices..... Quedar tú y yo? Sería.... Genial.....

Pero Brian, viendo el deseo de la chica marcado en su rostro, se adelantó.

-Seguro que tus padres, no te ponen inconvenientes. Lo mismo que quedas con Cloe, pues puedes hacerlo conmigo! Al fin y al cabo, somos todos amigos!

Amaia, se quedó si cabe, más confusa aún. No creía para nada que Brian la considerase una mas de sus amigas, y por supuesto, tampoco sabía desde cuando esto era así.

Pero con todas y con esas, y a pesar de que tal vez en su casa pusieran pegas, decidió decirle que sí, pues lo estaba deseando. Para sus padres, ya inventaría algún embuste, pese a no ser chica mentirosa para nada. Pero aquella ocasión bien merecía cualquier engaño. Iba a quedar con su amado Brian, ni más ni menos.

Ese chico por el que tantas lágrimas había derramado, ese que tanto la había marginado, y que tanto le gustaba. Pero ahora, por no se sabía que extraño motivo, él era diferente con ella, o al menos, eso parecía.

El cuarto de Brian, iba en todo, acorde con su estilo entre elegante y desenfadado.

Allí, rodeada por pósteres de grupos pop y de actrices hollywoodienses, se encontraba Amaia, sentada en la cama de Brian, charlando con él distendidamente, después de haber dado un paseo juntos, y tras tomar una Coca-cola en una cafetería.

Él la había invitado a ir a su casa, esa en la que vivía solo y de alquiler, pues en los Estados Unidos, no era para nada común que chicos ya de esa edad, 18 años cumplidos, vivieran con sus padres, y mucho menos, económicamente de estos.

Brian se ganaba la vida como repartidor a tiempo parcial, empleo que combinaba con sus estudios de bachillerato, en el instituto en el que junto con Cloe o Amaia, se formaba para ser ingeniero aeronáutico, ya en la universidad.

Era su deseo desde niño, y ya siendo bien pequeño, dibujaba planos a escala del avión turístico de sus sueños.

Por eso en su cuarto no faltaban todo tipo de planos de barcos o aviones, muchos de ellos elaborados por él mismo, cosa que le entretenía y mucho.

-Eso.... lo has dibujado tú? Es normal que quieras estudiar ingeniería aeronáutica!, le decía Amaia, rota en elogios hacia él, tras reparar en lo que le parecía la maqueta bidimensional de un barco.

Brian se crecía ante tantos elogios, casi como si llegase al techo.

Habían estado gran parte de la tarde charlando sobre planes futuros. Pero tenía ganas de mostrarle de verdad a Amaia, lo que él mismo diseñaba con sus propias manos.

-Gracias! Me hace mucha ilusión que una chica como tú..... aprecie eso de mí! Es verdaderamente...... increíble!, soltó Brian, dejando perpleja a Amaia.

Pero casi sin reaccionar y de forma instintiva, ella lo miró con un deseo atroz, y abriendo sus ojos como platos, le dijo, en voz baja.

-Una chica como yo? Eso es..... demasiado, poder oírlo de ti!

-Es que tal vez yo..... no supe apreciarte como te merecías, Amaia. Y por eso ahora..... yo.... Ya sé como eres. Y sabes? Yo, me muero por......, le susurró Brian, casi a punto de abrazarla por detrás.

Quizá él, esperaba una respuesta o algún tipo de aclaración por parte de Amaia, que ya se derretía, al imaginarse cuerpo con cuerpo, con ese muchacho por el que tantas y tantas noches había suspirado sola y llorosa, en su cama.

-Brian, yo..... yo..... siempre te he querido. Pero..... tú......

El deseo sexual se masticaba en el ambiente, y la respiración entrecortada de Amaia junto con la mirada fija de Brian en sus pechos, daba cierta tensión a la escena. Una tensión atractiva, que no tardó en resolverse.

-Lo sé, Amaia. Y por eso.... me muero por un beso tuyo, hermosa, sentenció Brian, con una seguridad que se asemejaba más bien a un deseo reprimido.

Ella de pronto, parecía voluble. Se encontraba atrapada y confusa, cautiva de su amor y sentimiento hacia Brian.

Él, entretanto, y pese a controlar la situación, comenzó a notar cosquillas en su estómago, y a acercar su musculoso brazo para rodear a la muchacha, que casi jadeaba de puro nervio.

-Ai, Brian..... yo...... estoy....., acertó a decir la joven, con un susurro, casi inaudible.

Pero el chico, cuyos sentidos se hallaban bien agudizados fruto del momento de máxima secreción de adrenalina, oyó perfectamente las palabras pronunciadas por Amaia.

Y entonces, viendo su gran oportunidad pero al mismo tiempo dejándose arrastrar por el placer, la abrazó con fuerza, mientras le decía frases tiernas al oído.

-Tú que, Amaia? Tú, eres preciosa, y estás hermosa! Y ahora, es nuestro momento, nuestro y de nadie más, le susurraba con ternura, sintiendo que su plan se desmoronaba por instantes.

Realmente aquel joven, que tan calculado parecía tener todo ese derroche de sentimientos, pareció vencido por lo que su corazón dictaba.

Tal vez, su coraza de chico frívolo y un tanto chulesco, se estaba dejando caer, frente al amor de verdad, que llega sin apenas advertirlo.

Y con pasión besó a la dulce Amaia, quien lo amaba con una inmensidad oceánica.

Ella, nada llevaba preparado de antemano, y tan solo se dejaba arrastrar por el momento. Pero Brian, que sí creía poder controlar aquella situación y darse un buen capricho para luego hacer que su antigua novia Lynne se retorciera de celos y rabia, se estaba sorprendiendo a si mismo.

Él también amaba a Amaia, aunque su amor se hubiera ocultado bajo una férrea máscara de apariencias.

-Amaia, tú, siempre has sido diferente a las demás. Cuando mi amiga Cloe me hablaba de ti, y me decía como eras, yo apenas la escuchaba. Pero en realidad, siempre me he dado cuenta de tu bondad, y de tu sencillez. Tú no tratas de ser quien no eres, y vales mucho más que otras personas que sí lo hacen.

El joven se arrancó a hablar con firmeza, tras aquel apasionante momento de almibarados besos y tiernos abrazos entre ambos.

La chica, que le acababa de confesar sus puros y bellos sentimientos, quiso también y para igualar la sinceridad de él, contarle sus impresiones y como se había sentido en todo aquel tiempo en que Brian la discriminaba y juzgaba sin apenas conocerla.

Lo miró a los ojos con una ternura sin igual, y le dijo:

-Yo nunca entendí el porqué me tratabas de ese modo tan...... desagradable. Creo que tú, Brian, sí que te ocultas bajo la apariencia de chico malo. Pero en realidad eres un amor. Acaso por que crees que me he fijado en ti y no en otros?

Aquella pregunta tan reveladora, hizo de pronto a Brian, sincerarse aún más con ella, pues el remordimiento lo asaltaba, al ver la candidez y pureza con que Amaia lo miraba y le hablaba.

-Amaia, yo tal vez, no soy como crees. Yo.... Tengo que decirte algo que quizá, te haga pensar, detestarme, o que sé yo..... Tenía ganas de conocerte íntimamente, porque..... bueno.... porque.... Quería darle celos contigo a la bobalicona de Lynne, mi ex, a la que conoces de sobra. Ella no es como tú, ella es presumida, superficial y..... creía que yo, era de su propiedad. El día en que dejamos la relación, ella me dijo cosas muy feas, cosas que me dolieron y que me hicieron querer demostrarle que ella, no era el ombligo del mundo y que yo, podía estar con otra. Y como ella siempre se había reído de ti al igual que yo, pues..... pensé que sería perfecto, el enroyarme contigo para que se retorciera de rabia. Pero..... Amaia, yo...... ahora no pienso en hacer eso.... Ahora.....

A la joven, allí abrazada a Brian y sentada en su cama, le dio la risa, no se sabe si nerviosa o espontánea. Pero emitió tales carcajadas, que hasta al chico le sorprendieron.

La miró casi atónito, antes de que ella, le dijera:

-Eso, es muy típico de los hombres. A veces, nos tratáis como objetos. Pero el haberlo reconocido como lo acabas de hacer, es muy noble por tu parte. Yo siempre te quise de verdad, porque ví en ti, a un chico que merecía la pena, y que se escondía bajo una máscara. Jamás entendí el porqué me tratabas como lo hacías, sin conocerme de nada. Pero nunca te dejé de querer, a pesar de eso.

-Hablas en pasado, Amaia. Ya no me quieres? Sería normal, después de haber escuchado de mi boca lo que acabo de decirte, exclamó Brian con la mirada baja, y cierto sentimiento de decepción.

Pero Amaia, tiernamente lo besó de nuevo, y en un susurro, le dijo:

-Esto, es presente, Brian. Estamos aquí y ahora!

Pasado ya un año de aquel hermoso encuentro íntimo en el que Amaia y Brian habían comenzado su relación, ambos, seguían juntos y plenamente enamorados.

Él, en realidad no había cambiado. Lo que le hubo sucedido, es que gracias a compartir su vida con aquella joven, se sentía totalmente liberado, pues ya no tenía que fingir ser quien no era.

-Amaia, gracias a tu presencia en mi vida, soy mejor persona. Y ahora la gente me ve en mi auténtica versión, le decía él a menudo, a modo de reflexión y agradecimiento.

Ambos seguían estudiando, allí, en Estados Unidos. Pero y pese a las reticencias iniciales de la familia de Amaia que tanto se empeñaba en sobreprotegerla, esta joven, se dio de lleno al estilo americano de vida, y sucumbió ante los deseos de su chico para que se emancipase.

Y se habían trasladado los dos a estudiar al estado de Illinois, que estaba más al norte. Amaia, continuaba con éxito sus estudios de bachillerato, los cuales compaginaba a la perfección con un trabajo de repartidora de paquetes, a tiempo parcial.

Y Brian, optó por ejercer como camarero en un restaurante de comida texmex, al tiempo que al igual que su chica, estudiaba para finalizar el bachillerato.

Ellos, jóvenes como eran y llenos de vida, tenían planes de futuro, y soñaban con convertirse no tardando mucho, en chicos universitarios.

A Amaia, dado su carácter empático y de escucha, le llamaba la atención la psicología. Todo lo contrario que a su chico, que en más de una ocasión, había manifestado su deseo de estudiar electrónica.

Realmente, eran o parecían ser, el uno para el otro.

-Tú, Brian, también me has enseñado y me enseñas mucho. Yo, allí en mi tierra, al norte de España, también vivía algo presionada por el espíritu nacionalista que domina en el ambiente. Mi familia y algunos de mis mejores amigos lo son, pero a mí, apenas me importa todo ese royo político. Soy la que soy, independientemente de donde haya nacido.

Así pues, a la dulce Amaia, también le sentaba fenomenal estar unida sentimentalmente a Brian.

Ellos dos se ayudaban, se comprendían y se respetaban, que era lo más importante.

Atrás, habían quedado aquellos desdenes de Brian hacia ella, a la que incluso, llegó a acusar de robo en una ocasión. Y sí, también Amaia sentía que sus dolorosas lágrimas por verse despreciada por él, también eran cosa del pasado.

Aquella relación por la que en principio nadie o casi nadie pareciera apostar, iba viento en popa.

Allí, en su pequeño piso de estudiantes que ambos pagaban a medias, Amaia y Brian, habían fijado su nido de amor.

Ella, tan apegada a su familia y amigos, se sentía ahora, mucho más libre. Y él, que tanto vivía de apariencias y mezclándose con mujeres que para nada lo enriquecían, también abrazaba esa sublime libertad, fruto del amor.

-Enhorabuena a la feliz pareja, que ya va a cumplir dos añitos!, les decía su leal amiga Cloe, a la que habían invitado a su fiesta de aniversario.

Y es que aquella joven, estudiante ahora de puericultura, se sentía parte de esa bonita historia de amor, pues hizo de celestina en más de una ocasión, allí en el instituto.

Y ellos, Amaia y Brian, claro estaba, se lo agradecerían por siempre.

-Eres una amiga excepcional, Cloe. Me ayudaste un montón a integrarme, cuando recién llegada, me encontraba perdida y sola. Y ahora, tan duradera ha sido nuestra amistad, que estás con nosotros en esta importante fecha, le dijo Amaia con una sonrisa de oreja a oreja, que delataba una gratitud sin igual.

-Cloe es mucha Cloe! Sabes que siempre a pesar de mis cabezonerías, te he considerado como mi hermana! Te debo mucho, amiga!, añadió Brian, lleno también de júbilo.

Y el puñado de amigos congregados en aquel local que la pareja había alquilado para celebrar sus dos años de amor, aplaudieron y les dedicaron también, cercanas y fraternales palabras.

Todo parecía fluir armónicamente, en aquella alegre fiesta en la que Amaia y Brian, le decían una vez más al mundo, que su historia, había comenzado para nunca acabar.

Ojalá fuera cierto!!!

A la luna, que con su poderosa luz, le da vida a la noche

Luna madre eres, de todas las estrellas,
Linda entre las lindas, bella entre las bellas.

Tu luz en la oscuridad, es brillante y poderosa,
Haciendo que la tan oscura noche, sea algo luminosa.

La magia que desprendes, llega a ríos y caminos,
Y con tu abistamiento en la tierra, descansamos y dormimos.

Luna bonita, astro hermoso,
A veces con el sol te apareas, en un espectáculo grandioso.

La reina sin duda eres, de la fría y larga noche,
Alumbrando a quienes no tienen casa, o a los que van en coche.

Dama nocturna, nuestra luna lunera,
Que influye en el ánimo, en las cosechas, y hasta en la madera.

Con tu grandeza inspiras, a niños y mayores,
Pues tu belleza te hace única, con todos los honores.

Siempre he creído, que en tu interior albergas vida,
Y tal vez vayamos a ti, cuando de la tierra emprendamos la huída.

Rocosa y volcánica, sin duda alojarás rincones,
Que solo conocen de ti, los que te visitan en sus misiones.

A veces te muestras llena, y otras en crecimiento o menguante,
Sea como sea esto, tu presencia es fascinante.

Culto te han rendido, en varias civilizaciones,
Y diosa suprema has sido, para muchas religiones.

Selene, luna mía, incesantemente doy vueltas a tu alrededor,
Y mientras lo hago a bordo de la tierra, te escribo este poema con amor.

Printed by Books on Demand GmbH, Norderstedt / Germany